U0929251

文史資料選輯

全国政协文化文史和学习委员会 主办　中国政协文史馆 编

第一七二辑

中国文史出版社

图书在版编目（CIP）数据

文史资料选辑 . 第 172 辑 / 中国政协文史馆编. —北京：中国文史出版社，2019.7
ISBN 978-7-5205-1130-8

Ⅰ. ①文… Ⅱ. ①中… Ⅲ. ①文史资料 – 中国 Ⅳ. ①K250.6

中国版本图书馆 CIP 数据核字（2019）第 112679 号

责任编辑：王文运　　　　装帧设计：王　琳　杨宁建

出版发行：中国文史出版社
社　　址：北京市海淀区西八里庄路 69 号　　邮编：100142
电　　话：010 – 81136606　81136602　81136603（发行部）
传　　真：010 – 81136655
印　　装：北京温林源印刷有限公司　　邮编：102445
经　　销：全国新华书店
开　　本：787mm × 1092mm　1/16
印　　张：14.5
字　　数：207 千字
印　　数：7500 册
版　　次：2019 年 7 月北京第 1 版
印　　次：2019 年 7 月第 1 次印刷
定　　价：45.00 元

目 录

特稿

我搞了一辈子文物工作

谢辰生 *

在上海编写文物目录

我搞了70年文物工作，可以说是一辈子了。我开始做文物工作，还得从我大哥说起。我大哥谢国桢，字刚主，是梁启超、王国维的学生，是明清史方面的权威学者，喜欢收藏图书、文物。受他的影响，我接触文物比较早。

1946年，我的伯父病逝，我们去河南安阳奔丧，需要通过解放区，我们请周扬同志帮忙联系。过解放区时，我大哥遇见了好友范文澜。范当时在北方大学，他说这里的书很少，希望我们到上海帮他们买一批书，我大哥当然表示同意。于是，奔丧以后，大哥就带着我前往上海了。那时候他在上海的朋友很多，其中一位是徐森玉先生。徐森玉字鸿宝，当时是国民政府教育部清理战时文物损失委员会驻上海的代表。

我们到上海的第三天，徐森玉先生请我们吃饭，还请了我大哥的熟人郑振铎先生作陪。吃饭期间，郑振铎先生说他现在实在是太忙了，一方面

* 谢辰生，第七届全国政协委员，中国文物学会名誉会长、国家文物局顾问。

要帮助政府接收文物，一方面还要搞民主运动。他说他办了一个杂志叫《民主》，是一个很好的刊物，都是他一个人在张罗，忙不过来，希望能找人帮忙，但是经济上有困难，发不出什么薪水。徐森玉先生便对他介绍我说："现在有这么一个年轻人来了，是不是可以帮忙？也不必要非得给什么薪金。"又问我愿意不愿意。我说："我太愿意了。"这件事就这样在饭桌上定了。郑振铎先生让我第二天就开始去他家帮忙。徐森玉先生又提出他还有个任务也需要人，希望我最好同时既为郑振铎先生工作，也为他工作，也就是半天在郑振铎先生家，半天去徐森玉先生那边。我同意了。

徐森玉先生提出来的任务是编纂一份文物目录。当时抗战刚胜利，日本已经投降。我们希望将日本人从中国强取豪夺的文物做个目录，能列出多少就列出多少，以便向日本追回。当时定的题目是《甲午以后流入日本文物之目录》。那时候我正上高中二年级，本来打算通过解放区去延安，结果没想到跟着大哥来到了上海，但我对文物还是有一些常识的，也有一些兴趣，知道要做这个事情，我很高兴，觉得可以借此学习，就满腔热情投入工作了。

起初参与具体编纂目录的有三个人。除了我之外，那两位应该是搞经济的，对文物一点兴趣也没有，觉得这个事太枯燥，就走了。最后这件事落在了我一个人肩上。领导我的是合众图书馆馆长顾廷龙先生，他指导我写、抄各种材料，而且要求每种材料必须有 9 份。我们当时抄写是靠复写纸，但一次只能复写 4 页，多了不行，所以每项内容至少得写两次，的确很累。这样干了 9 个月，我们掌握的所有资料——那基本上是全的了——都编入了这个目录。

《甲午以后流入日本文物之目录》一共写了 9 套，交给合众图书馆。后来图书馆留了两套，其他的都送交教育部，由他们按这些线索去日本追讨去了，但最后听说没有成功。送交教育部的 7 套，后来都没保存下来。留下的只有顾廷龙先生那里的两套，但那是复写的稿子，不容易长期保存。到 1981 年前后，顾廷龙先生找我，让我跟当时的国家文物局局长任质斌说一下，说明这个目录有参考价值，希望能印制 100 部，保留下来。任质斌很赞成，于是手写油印了 100 部。向全国大型博物馆、图书馆都送了一套。这就是我第一次参加文物工作的情况。

编制目录的工作完成后，我就完全跟着郑先生了。那时候抗战刚刚结束，很多文物从国内流失到海外，上海成为文物外流的重要聚集地。郑振铎先生看到这种情况，着急得不得了。他下决心说："我们要出书，至少把这些文物的资料留下来，给后代留下一些记录，要不然连我们流失了哪些文物，流失了多少文物都不知道。"当时文物流失的现象触目惊心。我举一个例子。大家知道的著名书画鉴定家张珩，字葱玉，他水平很高，二十几岁就是故宫博物院的鉴定委员，是书画鉴定的一把好手，后来当过文物局副局长。张珩的祖父是张石铭，是当时有名的士绅，家财丰厚，上海大世界就是他家的。张石铭很有学问，很喜欢文物，尤其喜欢收藏书画，几乎是当时书画收藏第一人。但是他后来赌钱，一夜输了一个大世界，把钱都弄光了，后来就卖画，卖画卖到外国去。郑振铎先生就去找他，说："你那些东西都弄走了，留有照片没有？"他说："有照片。"郑振铎说："你赶快把照片拿出来，再说明一下这些东西的下落，你把这些书画卖往国外了，你也得给国人一个交代啊！总不能将这些东西稀里糊涂全弄走了……"张石铭也很后悔，可是已经没有办法，他就把留下的照片全提供给郑振铎先生。我们现在看到的张珩编的《韫辉斋藏唐宋以来名画集》，里面的书画原作都已经流失海外了，书中使用的就是张石铭提供给郑振铎先生的书画照片。

当时郑振铎先生先后编了《域外所藏中国古画集》和《中国历史参考图谱》。在编《中国历史参考图谱》时，我主要帮郑振铎先生查找、整理各种资料。我做这些工作都是没有报酬的。郑振铎先生问我："我现在没钱，你愿意在这儿干吗？"我说："我愿意干。"所以我这时就等于是在给

《韫辉斋藏唐宋以来名画集》书影

他帮忙，在学问上向他学习。通过编这些书，我学到许多东西，遇到不明白的我就问他。他不但告诉我，有时候还跟我具体讲一讲。所以我虽然不是他的学生，可实际上就是他的学生。

我本来就对文物有兴趣，在跟着徐森玉和郑振铎先生编纂文物目录的过程中，不但学习到很多文物方面的知识，也对文物工作产生了热爱。我很庆幸一开始就遇到这么好的老师。从 1946 年到现在 70 多年了，我始终没有脱离文物工作。

跟随郑振铎先生到文物局工作

郑先生当时既搞学问，又搞政治。他办的《民主》杂志属于进步杂志，对国民党批评得很厉害。郑先生的知识面很宽，在各方面都有建树。

郑先生在很早以前就认为文物是一种文物史料，不是古董。他写第一本书《近百年古城古墓发掘史》，介绍外国考古历史的时候，已经把文物和古董的界限说得很清楚。他认为史料不仅要有文字，而且要有文物。他的第一部研究小说的著作《中国文学史》，里头有很多图谱、插图。他重视物与史结合，认为物本身就是史。他的这种观点很有创见。因为郑先生将文物的史料价值和文字相提并论，所以他保护文物不是为了保存古董，而是保存史料。文物是重要的历史见证。没有文物，我们的历史就很难写得清楚。今天我们还有很多人对此依然认识不足。

当时的上海，文人中流行写小说，郑先生却去研究文物。文物研究需要很宽的知识面。郑先生有超越常人的能力，他给我最深的印象就是接受新生事物很快，有很多创新的想法。比如，他撰写的《中国文学史》，打破常规，做成插图本，就是一种创举。还有《中国历史参考图谱》也是如此，全书采用以实物来证实历史的思路，这在史学上是第一部，可惜现在这个大部头的书不容易见到了。在历史学界，他是编写这类历史图谱书籍的第一人。从郑先生做的这些工作可以看出，他对文物的认识是深刻的，有独到的见解。

1948年前后，郑先生继续编《民主》杂志，同时还作为民主促进会的发起人之一积极投身民主运动，和中共地下党频繁接触。不过民主促进会成立后，郑先生没有继续参与，后来成了无党派人士。1948年，郑先生离开上海前往香港，1949年他又在中共地下党的帮助下从香港北上，经过山东解放区，最后到了北京。郑先生离开上海的时候，《中国历史参考图谱》还没有编完，我就继续在上海编这本书，同时还可以替他看家——他的老母亲和夫人也留在上海家中。

郑振铎

中华人民共和国成立以后，郑先生叫我到北京来。他对我说，你跟着我到政府工作去吧。我问是干什么工作，他说要成立文物局。文物局成立后，他任文物局局长，同时还兼任中国科学院文学研究所所长、考古研究所所长。

我当时觉得自己有一些文物知识储备，考虑到我哥哥也是研究历史的，所以就想到中国科学院考古研究所去。郑先生笑了，他说这回你不能上那儿学，你得跟我在文物局工作。为什么呢？他说这个文物局是管理这个事情的，这个管理也是科学，也够你干一辈子，干好了这个，成绩不一定比干那个差。听他这么一说，我说好，那我就到文物局吧。

制定第一批文物法令，在朝鲜抢救文物

我到文物局以后接受的第一个任务是制定文物法令。郑振铎先生给我拿了一些资料，说："你跟我先起草最重要的几条法令。"其中第一条就是禁止私自挖掘地下珍贵文物，后面就是保护古建筑等等。开始先列了这样若干条。我当时对法令一点不懂，基本上由郑先生口述我写，写完后又让他来改，最后大家再讨论。可以说这批文物法令的起草是郑先生和我，其中主要是郑先生，终稿是大家共同讨论的结果。

新中国第一批文物法令起草完，我到"革大"去学习了几个月。这时抗美援朝开始了，我积极报名，想参加志愿军。文物局不想让我走，我非走不可。因为我当初本来是想上延安的，没去成，最后才阴差阳错跑到文物局待这么长时间，现在抗美援朝如火如荼，我跟郑先生说我非走不可。他最后同意了，我便以文物局派出的名义参加了志愿军。参军后，我被分到后勤二分部的政治部当宣教干事，主要职责是编写出版一些内部小报。从 1950 年 10 月到 1953 年，我在朝鲜待了整整三年。不过，我虽然参加了志愿军，但我的编制还在文物局，并不是入伍。

在朝鲜我还经历了一个跟文物有关的事。记不清是第几次战役期间（整理者按：第三次战役），在三八线北边，有一个原本是博物馆的地方，

具体地名记不清楚了——我们到的那天美军把这里给炸了。博物馆房子倒塌了，里面有很多文物。知道是博物馆后，我就跟大伙儿说，这里面还有文物，得赶快把东西抢救出来。我们一起从火海中抢出来100多件文物，种类有瓷器和字画。抢救文物时，还遇见一个朝鲜人，好像叫金增林，他会说中国话，他见我们帮他抢救文物，就说你们这些人怎么还懂文物？我回答说我就是文物局的人。他非常感动，说，你们中国人真是了不起，什么人都来支援我们。

《朝鲜停战协定》签订后，我回到祖国，又回到文物局，从此再也没有离开。从1949年我到文物局报到，到现在，除了中间抗美援朝这三年，我一直待在文物局。我始终遵循郑先生的教导，不直接搞文物研究，不搞学问，搞文物管理，搞文物保护，可以说我做了一辈子文物管理工作。

组织考古短期培训班，依靠群众保护文物

1953年我国开始进行第一个五年计划，全国各地工厂铁路公路都在建设。拥有悠久历史的中国，地上地下文物太多了，搞这么大的建设必然会碰到文物，所以加强文物保护工作迫在眉睫。正如上面提到的，郑先生很先进，他看得长远，所以在第一个五年计划开始之前，他已经考虑制定相应的文物保护文件了。当时文物局副局长是王冶秋。王冶秋这个人很了不起，他1925年入党，是鲁迅的青年朋友，也是目光长远的人物。郑振铎和王冶秋一致认为，必须要搞一个文件，于是就开始起草《关于在基本建设工程中保护历史及革命文物的指示》。郑振铎先生作为文物局局长，是第一把手，仍亲自动手起草文件。文件起草好后，交给文物处，文物处再修改、定稿，最后下发。当时就是这样的工作作风。

这个文件发了以后，又面临着一个问题，那就是我们当时专门从事文物考古工作的人不多，全国只有夏鼐等几十个人。于是郑振铎、王冶秋他

王冶秋

们两个人觉得必须搞考古短期训练班。这个主张遭到了夏鼐的反对，夏鼐说，文物考古知识需要经过长时间的专业学习才行，短短三个月的培训肯定不行。他觉得文物考古工作是很重要的科学工作，不能随随便便。郑振铎和王冶秋先生向夏鼐先生解释说，办考古短期训练班，目的不是让学员马上做学问研究，出版著作，而是尽快掌握考古和文物保护的常识及基本技能，比如怎么进行考古发掘，发现文物后应该做什么，记录文物出土原状得会照相、绘图。这些都是重要的技能，能够进行考古发掘并把考古发现的现象记录下来，在这个基础上才能有以后的研究，没有这个就没有研究。这一说，把夏鼐给说服了。于是由文化部社会文化事业管理局、中国科学院考古研究所及北京大学联合举办了四期考古工作人员训练班，每期三个月。训练班请的老师都是著名的考古、文物学家，有郭沫若、夏鼐、唐兰、宿白、苏秉琦等。四期共培训了 341 个人（整理者按：据宿白教授保存的四期考古工作人员训练班花名册，1952 年至 1955 年共结业 369 人），撒到全国，后来这 341 人就成了骨干，现在各地有很多文物专家，很多都是这批人中的一员。

当时搞基本建设工程当中文物保护要解决的问题，一个是政策，一个是干部，一个是人员。这些问题在郑振铎、王冶秋等人的运筹下都顺利解决了。于是在第一个五年计划的第二年，我们迎来了配合基本建设发掘保护文物的丰硕成果。当时在故宫午门城楼上还举办了基本建设出土文物展览。这个展览引起了轰动，许多考古学家、文物工作者来看，还就这批出土文物写了许多研究性的文章。

让人振奋的是那时候的中央领导也都去看了，毛主席去看了两次，两次都是下午。第一次是毛主席在故宫城墙上散步，他看到午门那里有这么一个展览，就进去看了看。毛主席看到后很有兴趣，但看到半截时，天快黑了，那时候展厅里也没有灯。毛主席说不行，看不了，下次再来。毛主席第二次来看的时候，他指着这些东西跟身边的人说，你们看见没有，这些东西都是了不起的东西，这就是历史，你们应当好好学习。

于是以配合基本建设为中心的，全面的文物保护工作在那时就全面展开了。正是由于《关于在基本建设工程中保护历史及革命文物的指示》的及时制定、颁发，在轰轰烈烈的基本建设中，文物保护工作和建设工作配合得很好。新中国的考古文博事业，郑振铎、王冶秋两位先生作为开创者

毛泽东在故宫参观出土文物展览

功不可没。

到了 1955 年，全国进入农业合作化高潮，这一下不得了了。原来的基本建设还是点跟线的问题，具体说来，建的工厂厂房是点，建的铁路是线，文物发掘和保护，主要还是这些点跟线，面积很小。但是现在农村要搞合作化，不一定都是点跟线，这时需要保护或者发掘的面积就大了不少。所以当时仅仅靠《关于在基本建设工程中保护历史及革命文物的指示》就不够了，还得出一个东西，这就是《关于在农村农业合作化过程中保护文物的通知》。这个文件是 1955 年由国务院秘书长作为当年的第 6 号文件下发的。第一条就提出文物保护工作需要依靠群众。因为当时全国掌握考古文物专业知识的人不多，不依靠群众不行，就是继续搞考古短训班，短时间也培养不出足够的人员，只能依靠群众了——让那些经过培训的人员去向群众宣传，训练群众，建立群众保护小组。这样，一个重要的考古遗址或者文物被发现了，就能及时得到保护。由群众保护，这是我们具有中国特色文物保护工作的一个特点。

《关于在农村农业合作化过程中保护文物的通知》下发以后，经过大量细致的工作，对很多文物考古遗址，特别是文献中明确记载的遗址，各级政府通过下发文件予以了保护。今天很多人听新闻，说某某地方设立了大遗址公园，正在进行如何的保护，误以为现在才对这些重要遗址进行保护。这种看法不准确，因为这些遗址早在几十年前我们就已经采取了保护措施。我们当时把重要的遗址列出清单，每个大遗址都成立了群众保护小组，而且厘清责任人，这一块归这个人管，那一块归那个人管，要求每名责任人都要尽职尽责，肩负起保护重任。当时这种做法起了很大的作用，我觉得现在还应该对这种做法进行很好的总结。

颁布《文物保护管理暂行条例》

1958年“大跃进”期间，我下放到农村，亲身感受到当时群众的热情。农村的确热火朝天，大搞水利基本建设，现在我们的许多水利工程还是那个时候打的基础。不过“大跃进”时期文物保护工作出现了短暂的混乱局面。我记得很清楚，当时文化部的一位领导同志说，我们“大跃进”要九个“人人”，人人创作、人人唱戏、人人跳舞、人人画画等。具体到文物考古工作，要求每个人都成为多面手：发现文物，群众光会保护不行，群众还得会发掘。但考古发掘是非常讲究技术的，在这种号召下，群众一发掘，结果全发掘坏了。所幸的是这种苗头发现得很早，我们马上进行纠正，没有造成特别严重的后果。

中央当时也提出“调整巩固、充实提高”八字方针，纠正“大跃进”。我们也纠正提出的一些错误口号，什么人人唱歌，什么人人跳舞，很快就纠正了。具体怎么纠正呢？我们当时的做法是加强法治。此前，我们制定的单独的文件很多，像前面提到的《关于在基本建设工程中保护历史及革命文物的指示》《关于在农村农业合作化过程中保护文物的通知》等，这些都是单独的，具体针对某一项工作需要而制定的。现在要搞法制规范，必须把以前的东西综合起来，搞一个比较全面的文件。1961年，我们颁布了《文物保护管理暂行条例》，这个文件是我起草的。我起草之后，又由文化部就其中的章节进行细化，并加以补充，最终形成系统、全面的法律条文。

1958年底我开始起草这个文件，实际上也是在纠正考古文物工作“大跃进”的错误，对过去的一些经验进行法制规范。我起草完毕后，就送给国务院审议。1960年，这个文件的草案在国务院全体会议上进行讨论，当时周总理正好在国外，全会就由陈毅同志主持。这次会议上，陈毅同志看完以后，突然站起来，说："这个会我不能参加，我也不能主持，主持我会挨骂的。"他向齐燕铭同志说："你看看，我们五千年的文明历史，多少重要的文物，你们搞了一个文物保护管理条例是对的，但是你们那个全国重点文物保护单位一共才 180 处，这开什么玩笑呀，这我要是通过了，子孙后代会骂我，那么多重要的东西，你怎么只搞 180 处，我不干。"齐燕铭同志是那时候我们文化部的党组书记，同时又是国务院副秘书长，他向陈毅同志解释，说这是国家级的第一批，还有省级，还有县级，省级县级加起来不少了。以后还有第二批、第三批，不是说就这么 180 处。陈毅同志说："那行那行那行。"结果就继续在会议上讨论。陈毅同志提出了许多好意见。他看着《文物保护管理暂行条例》，说："这里头许多漏洞，为什么开这么多口子？该怎么样就怎么样嘛。"我们起草的时候也都想这样，但是这些东西必须征求所有部门的意见，有几个意见不一致的，就上不了会。所以我们就留了点活口。陈毅同志说："那不行，不能留活口，该怎么样就怎么样，这些东西都得加强，这是一个。"

"另一个，文物保护只能从严，绝不能放松。"陈毅同志说得很清楚，"错毁一个文物，永远不可弥补。错保一个文物，不保就完了，很容易纠正。所以宁可保守，不要粗暴。对文物本身，绝对不能乱来，要保持原状，不能够随随便便的乱搞。"陈毅同志的话很有道理。我们根据他的意见，回去又从严修改了一下，改后又送国务院审议。这时候周总理回来了。他看后表示同意，但有一点，他说南昌的八一纪念馆、八一遗址纪念馆最好不要作为全国重点文物保护单位。为什么？因为周总理从来都是对任何只要沾他的边的事情，绝对不让你干。我们认为八一南昌起义是向反动派开第一枪，从革命史上说，武装斗争是正确方向，具有重大的历史意义。所以将南昌的八一纪念馆、八一遗址纪念馆列入了全国重点文物保护单位的名单。不过从革命斗争的策略上说是错误的，因为南昌起义还是在走攻打大城市的路线，而不是像秋收起义那样是农村包围城市。尽管如此，我们还是将南昌起义的纪念馆和秋收起义的纪念馆都列入了保护名单。

《文物保护管理暂行条例》颁布之后，起了很大作用。

60 年代后期的文物保护工作

60 年代后期，“破四旧”运动对文物破坏严重。不过我现在的结论是：虽然“破四旧”破坏文物，但破坏的程度远远比不上现在，现在对文物的破坏比当时严重得多。这是我的结论，也是事实。北京城那时候也没全拆，你看北京现在拆成什么样子了？许多人认为这会儿比那会儿好，这是不符合事实的。我觉得——前一两年我就说过——破坏文物最严重的时期不是 60 年代后期，而是 90 年代以后。我说的是事实啊。“文革”开始的时候，上街，这些个小红卫兵什么的，给人抄家，字画也烧了，瓷器也砸了，损失的确很大。但不是全国每一个地方都这样，它主要是在城市。而且很快，中共中央、国务院、中央军委、中央文革，四个单位发了一个通告，就是保护国家财产的通报，这个通报的第四条就是保护文物图书，不能够随便乱砸。周总理还派一个团的部队进入故宫实施保护。当时国家马上采取措施，还是起作用的。

1967 年 1 月 27 日，戚本禹在政协礼堂传达“中央文革”的指示，要求保护文物，当时把北京市所有的所谓群众组织，不管是保守派，还是革命派，都召集来，明确宣布现在中央要保护文物，你们“破四旧”，文物不是“四旧”，必须保护。不但不许破坏文物，还要呼吁保护文物。最后群众组织共同发表了保护文物的倡议书。这个倡议书就是我写的。

会后不久，突然有个叫杨松友的人来找我，说他是“文革小组”的。他说，你们不是发了这个倡议书了嘛，现在中央决定要发一个文件保护文物。你给起草一下子，因为我们不懂，你们起草好后交给我，由中央发。

我一听说这个，非常高兴，报告文物局后，我们就一起起草了一个文件，就是后来的《中共中央关于保护文物的通知》，由中共中央下发的文件，是毛主席看过后批发的。我挺高兴，觉得自己在这个事情中起作用了。

《中共中央关于保护文物的通知》下发以后，“中央文革”还委托社会科学院的张海鹏组织人下去了解情况，传达文件精神，一共下去四个小组。我参加了到华东的小组，我感觉到中央文件太厉害了，我们找到军管代表，一传达中共中央的指示，各地扫“四旧”破坏文物的现象一下子全停止了。所以我说在“文革”期间对文物的破坏绝对没有那么大，应该承认起初那一阵子破坏是很厉害的，但绝不是像现在这样，连古建筑都拆了。当时老百姓不会去拆，红卫兵也不拆房子，当时被破坏的主要是一些字画、瓷器等可移动文物。经过我们调查，六七十年代，原来颁布的 180 处全国重点文物保护单位，只有在西藏的一个被破坏了，其余都完好保留下来了。

周总理亲自抓文物工作

回顾我 70 年的亲身经历，前 30 年的文物保护工作是做得比较好的，当然“文革”中破坏文物的那段短暂插曲不算。《中共中央关于保护文物的通知》下发后，周总理直接抓文物保护工作，文物考古界在全国各行各业中最早恢复工作。

1967 年 7、8 月份，周总理指示，准备成立国家文物局，但这个事情中断了，我们都下放到地方。1969 年，王冶秋刚下放一个月，周总理让人打电报，把他调回来，把国务院作为突破口，准备恢复文物工作。周总理跟王冶秋说：“原来你们的工作是康老管的，现在他病了，我管，我亲自管。”康生喜欢文物，以前是他主管文物工作。王冶秋在总理的支持

1973 年 9 月，周恩来总理陪同法国总统蓬皮杜参观云冈石窟。周总理右侧为王冶秋

下，首先恢复开放故宫，在此期间还迎接了乒乓外交之后的第二个外交，就是文物外交。那时候境外说我们把故宫完全损毁了，结果法国一个代表团来看时，故宫并没破坏，还照常开放着，他们就说："你们自己怎么不宣传宣传呢？"于是我们就决定要组织文物出国展览，这就跟庄则栋搞球类外交类似，我们搞文物外交。后来我们组织出去了几十个文物展览，在世界上的影响非常大。这时候国务院下文，要求所有文物部门下放的工作人员都要调回来恢复工作。我们都是全部原班人马回来的。

值得一说的是这个期间出土文物特别多，马王堆、银雀山竹简、铜奔马、金缕玉衣都是那时候出的。毛主席很重视考古出土的文物，重要文物出土后要随时向他通报，并编写成大字本的简报。比如银雀山竹简中的《孙膑兵法》就出过大字本，我们很多人夜以继日地整理完后，第一时间就送毛主席看。周总理也经常半夜打电话给王冶秋，因为王当时归总理直接管。特别是在马王堆发掘期间，考古发掘组的组长夏鼐、副组长王冶秋都是总理亲自指定的。发掘过程中的每一个简报都要直接、随时送给总理看，总理看后就马上批。因为考古发掘中经常会面临没有遇见过的情况，比如有些东西，从地下长期缺氧的环境中忽然暴露出来，怎么进行保护？这就不但得用文字赶快把资料记录下来，还得用科学技术手段进行保护，有些还得组织科学技术队伍研究科技保护手段，所以考古往往需要各行各业的支援。马王堆汉墓发掘过程中，很多东西都是总理直接进行调度，细致得不得了。银雀山汉简出土以后，我们就把那些老先生召集起来，集中到红楼，在文物出版社成立了一个文献研究室。我替文物局写了一个申请编制的报告，李先念批了 50 个编制。就靠这 50 个编制，我们把全国了不起的专家都集中在文献研究室。当时的历史学、考古学、文物学，甚至党史研究的精英都调来了，那时的文物出版社文献研究室人才济济。

所以我说在“文革”期间——特别是后期——我们的文物保护、发

马王堆一号汉墓发掘现场

掘、研究工作都非常顺利。在我看来，那时候真是文物保护工作的“黄金时代”。尤其需要提到的是周总理，他直接抓文物保护工作，从“文革”期间一直到他病重，他始终关心这个事情。就在总理走的前一年，他最后一次出席全国人大会议，还专门宣布国家文物局直属国务院，不归文化部。可想而知那个时候多么重视文物工作。

“文革”期间文物工作做得好，原因在哪儿？其中一条是人，王冶秋了不起，当然还有许多像任质斌那样善于学习的同志。任质斌开始也不懂文物，一点都不懂，但他是长征老干部，他懂党的规矩，干一行学一行。我还记得任质斌同志刚到国家文物局的时候问我：“咱们卖俩兵马俑好不好？可以赚一亿多外汇。”我说：“那哪行啊？”他说：“为什么不行啊？”我就把文物保护工作前前后后的事情说给他，他马上就懂了。任质斌说：“我来的时候，很多人拱着我搞这个，我听你们一讲，还是你们对。”打这儿起，他就完全转变。在他的任上，一点没出娄子。

制定《文物保护法》

在拨乱反正的时候，大家认为现在最重要的还是法制。所以 1979 年我们开始起草《文物保护法》。

起草《文物保护法》主要的根据就是我们过去已经制订的所有文物保护方面的文件，再参考国外的一些相关法律条文。王冶秋那时说，我们要集中力量把法给搞出来。1979 年我们在大庆开会，王冶秋提出要起草一个全面的文物保护法规，我也觉得应该这么搞，因为虽然有个《文物保护管理暂行条例》，但那是国务院的一个暂行条例，不是一个全面的法律。从法律上说，文物保护还没有成文的专门法规，所以我们要制定一个出来，而且当时其他国家都已经颁布了专门的文物保护法，所以我们觉得制定《文物保护法》事不宜迟了。

《中华人民共和国文物保护法》

《文物保护法》也是我起草的，当然起草并不是说就是我一个人制定的，《文物保护法》还是集体的东西。因为我只是做了起草的工作，起草完以后，大伙讨论，还得修改。《文物保护法》的起草过程中，不但吸收了我们自己几十年文物保护的情况和经验，也吸收了国际上成熟的做法。我们前后起草修改了两三年，到 1982 年《文物保护法》通过了。从总体上说，这部法应该是好的。

2012 年修订的时候，又进行了补充。那是由人大常委会法工委主持的，我们参加，进行了一次大的补充、充实，不是修改，而是充实。把“保护为主、抢救第一、合理利用、加强管理”十六字方针加了进去。十六字方针是原则，这是绝对不能修改的，一修改，那就不是保护法了。现在我们就有这么一批人，总想把《文物保护法》大翻个儿，要是把这个原则取消了，那就完了，也可以搞文物经营了，也可以卖文物了，那是绝对不行的。

在讨论修订的过程中，有人提出，说“合理利用”不行，应该是利用与保护并重。我们就坚决反对，争论得很激烈。

文物保护与利用的问题，其实很简单。“保护为主、抢救第一、合理利用、加强管理”，这是一整套。其中“保护为主、抢救第一”是主要的，“合理利用”是什么呢？首先得说什么叫合理？保护就是合理，不保护就不合理。在利用文物时，前提是保护，这是合理的。你不能不说保护，只说“合理利用”。所谓“利用”就是发挥文物作用。发挥文物作用，发挥的是精神力量的作用，而不是发财。想发财，那就是不合理。为了避免不合理，就得加强管理。

原来我对“合理利用”这个词感到有点别扭。因为我一直反对文物利用，因为这个“利用”很容易被别人利用，你只能是发挥文物作用。所以以前的《文物保护法》都是写成“充分发挥文物作用”，而不是说利用。后来因为要搞十六字方针，发挥文物作用不好用四字表达，只好写成了“合理利用”，这里的“利用”就是发挥文物作用，而不是说利用文物来赚钱，这是一个根本问题。

我对文物保护工作的一点思考

现在文物保护工作怎么做？坚持不坚持十六字方针？坚持十六字方针，就是贯彻整个的《文物保护法》。每一个具体做法，都得符合《文物保护法》的要求。比如，我认为需要科学地界定旅游和文化产业，它们很容易跟文物保护工作发生矛盾。当然，这些产业可以搞得很好，产生经济效益。但是在发展文化产业的时候，别打文物的主意。不能卖文物，不能牺牲文物来达到营利的目的。

最近《中国大百科全书》修订时把文物卷取消了，我就托人去问，回复说因为文物不属于一门单独学科，而且跟国计民生也没关系，所以就搁考古卷里面了。说了几次都不行，后来我就向中央写信，现在解决了。我挺高兴，因为中央还是非常支持的。

现在总有些人迷信美国，美国是厉害，科学技术也强，但不是什么都强。比如界定什么是文物，美国就说不清楚。美国对文物的界定就一句话：“1830年前。”这是1930年的时候，在美国的关税条例里有这么一条。1830年以前，即1930年的100年以前，凡是100年以前的全是文物。属于这个时间范围的文物，在美国海关进出可以不收税。用时间界定文物，的确比

谢辰生在书房

较明了，但是时间是一直向前发展的，明年怎么办，后年怎么办，它没有考虑，就写了这么一条“1830 年前”。几十年来全世界都跟着美国，将 1830 年前定为文物的界限。一直等到 20 世纪 90 年代，美国发现对文物的界定有问题了，才改成了这样一句话：“100 年前。”从现在数，100 年以前的是文物。比如，一件 1890 年的物品，在美国人看来，1989 年还不是文物，1990 年就成为文物了。哪能这么去界定呢？

到底该怎样界定文物？有人说根据艺术性，具有高超艺术价值的物品是文物。可是这种说法不能概括全部的文物，比如说破破烂烂的陶片，就不具有高超的艺术性。我在编写《中国大百科全书》文物卷的时候，费了很大劲去思考，最后为文物做了一个界定，写进了《中国大百科全书》文物卷的前言里。我先是把全世界包括美国对文物的界定说了，然后讲出我们对文物的认识：在历史发展进程中，由人类创造或者与人类活动有关的一切有价值的物质遗存，总称文物。这里面有两个重要的问题：第一，这些东西已经成为历史的过去，永远不可能再创造。第二，这些东西是人类创造的，或者与人类活动有关。符合上面两条就是文物。

这是我费了很大劲才得出的结论。现在这个结论我认为是靠得住的。我们不按 100 年前那种说法。因为我们颁布《文物保护管理暂行条例》的时候，我们就把人民英雄纪念碑列入了保护名单，因为在我们看来人民英雄纪念碑就是文物啊。人民英雄纪念碑是人类创造的，很有价值和意义，虽然建成的时间不长，但已经不可能再创造，再创造就不是它了，这就是文物啊。所以我到现在还对我们为文物下的定义很自信。两条要求，符合就是文物。

正是由于我们对文物进行了这样的界定，所以就用不着非得说什么 20 世纪文物，也不用像美国那样，一年一年往后推文物的界定年份。我想中外对于文物定义的不同，跟中国人的思维模式跟外国人不一样有关。中国的思维模式往往是综合起来的，就是从宏观上看问题，而外国是从个体具体的看问题，所以就不一样。中国的思维模式跟他们不完全一样，所以我们有很多创造性的东西，比如考古，本来是我们从西方学习来的，但是我们现在的水下考古，那是外国都没有的，这是我们自己做的，具有创造性。

2016 年 9 月

（闻斋丁　整理）

口述

九天揽月

——中国探月工程缘起

欧阳自远 *

人类空间时代的到来

1956 年我大学毕业，1957 年在中国科学院做研究生。这一年，世界上发生了一件令人震惊的大事：苏联于 1957 年 10 月 4 日发射了世界第一颗人造地球卫星，首次宣布了人类空间时代的到来。这件事情标志着人类科技发展的一个方向。听到这条信息，我极为震撼。我们国家那时可谓“一穷二白”，没有条件，没有科学的队伍、技术能力和资金，还没有能力去发射卫星，也不知道发射卫星究竟会有什么样的技术难题。我是搞地质、找矿的，每天在大山里像蚂蚁一样爬来爬去，假如有卫星在天上找矿，一览全局，我们就用不着那么辛苦了。从找矿角度来说，这是未来的方向。在国家的军事、技术、通讯、气象、资源等各个方面，卫星技术的应用更会带来无穷无尽的发展前景。那时我很激动，坚信我们国家一定会朝着这条道路发展。

---

* 欧阳自远，著名的天体化学与地球化学家，中国月球探测工程首席科学家。

“阿波罗计划”带来的震撼

欧阳自远

1958年，苏联和美国开始探测月球，1960年探测火星。当时美、苏是两个超级大国，它们要进行冷战，最重要的是军事实力的较量，空间霸权是军事实力较量的一个基点。两个国家在10多年间，连续发射了108颗探测器，当时苏联遥遥领先。20世纪60年代初，美国总统肯尼迪下定决心，组织全美国的力量要一举把苏联彻底打垮。美国人做了一件很伟大的事情：他们组织了2万多家企业、200多个大学和五六十个研究所，共计40万人的强大队伍来实现“阿波罗计划”——载人登月。1969年，他们终于实现了载人登月，连续6次共有12名美国人登上了月球。迄今为止，我们人类也只有这12个人离开过地球到达另一个天体。在这项最激烈的竞争当中，苏联无一人登上月球，在军事实力、技术能力方面都远不如美国，彻底失败了。“阿波罗计划”带动了美国和全世界六七十年代几乎全部高新技术的发展，诞生了一大批新型的工业群体。美国垄断了空间霸权，甚至对后来苏联政治上的解体，“阿波罗计划”都产生了很大的推动作用。

在此过程中，我隐约感到我们国家也一定会朝这个方向去走，但是要做人才、科学、技术方面的准备。我虽不懂这些，但可以去研究。

首先，我要对此做一个仔细的解剖：他们为什么要去探测月球？能取得哪些成果？对人类发展意义究竟如何？他们是怎么一步一步做到的？

其次，我国要探测月球、火星，这方面力量还远远不够，我们要怎么培养？培养要达到什么程度？我们国家具体该怎么做？我能否为自己国家的深空探测做一点准备，将来能少走点儿弯路？

我感觉搞清楚这些，是我的责任，更是我的义务！首先，我需要调研。幸好，我有俄文、英文的基础。另外，我们不仅要做调研，还要培养自己的实际本事，即要在科学上走出一条路来，我们不能只研究地球的东西，因为人家研究的全是天上的东西，我们也要有研究“天上的东西”的本事！那能不能搞点儿天上的东西来？美国载人登月采回月亮样品 381.7 公斤，苏联采回 0.3 公斤，人家都有月亮样品，而我们什么都没有！但我确信总有办法得到“天上的东西”。

1969 年，美国宇航员首次登上月球

研究“天上的东西”

我想到了陨石，天上会掉下陨石，有铁的，也有石头的，虽然类型不一样，但总可以研究。

1958 年，全国正在大炼钢铁。当时有一个超英赶美的重大任务——生产 1070 万吨钢。当时全国都是小高炉，把铁矿石堆进去，经过高温熔解，熔出铁水，最后铸铁，生产出一块块的铁疙瘩。在广西河池南丹一带，人们从山上找来一块块铁疙瘩当矿石，但是那个地方的铁矿石，怎么加温都熔不掉。这是什么矿石？怎么与别的铁矿石不一样？后来他们拿了一块找到中国科学院。我看后确认这不是矿石，而是一块从天上掉下来的铁陨石，本身就是不锈钢。这种钢是在天体的核心慢慢冷却炼出来的，熔炼这种钢的“炉子”需能 100 万年冷却 1 度，所以这种钢结构人类是造不出来的，也不可能有这种炉子，更不可能熔掉。当时全国没人研究陨石，我就收集了不少这种铁石头。因为它毕竟是“天上的东西”，我是研究矿石的，就想研究一下“天上的东西”与地上的东西的差别。相继开展了内蒙古石陨石、新疆铁陨石、世界最大规模的吉林陨石雨等的系统研究。于是，我自己通过做这方面的科研，招收了研究生，培养出了一支研究“天上的东西”的队伍。

国礼——来自月亮的石头

1978 年 5 月，美国总统卡特派出国家安全事务助理布热津斯基访问中国，送给我们一块来自月亮的石头。当时他送给华国锋主席两件礼品：一件是中华人民共和国的国旗，据说这面国旗曾被带到月亮上又带回来，当然很珍贵；第二件是从月亮上采回来的石头，嵌在有机玻璃里面。据

美国赠送给中国的月岩样品

说华国锋主席问中国有没有哪位科学家能够把这份月亮上的石头作详细分析，是不是月亮上的岩石。其实，那块石头嵌在有机玻璃里面摸不着，表面铸造成一个凸透镜形状，起到了一个放大镜的作用，看起来有大拇指大。问教育部，说没人搞过；问中国科学院，也说没人搞过。后来有人提议让我这个专门研究天上掉下来的东西的人试试。

我们到中央办公厅取了这块石头。打开有机玻璃，看起来有上百克的石头实际只有小黄豆大小，1 克重，很珍贵。我当时决定用一半做全面分析解剖，另一半送给北京天文馆供国人参观。我用这一半，组织各方面的技术队伍全面解剖、研究、分析样品的化学组成、矿物、结构、年龄，从月球哪个地方采集的样品，是阿波罗几号采回来的样品，哪一块给了中国，以及全部的成因等，我们都研究、分析出来并整理成文章发表出去，共 14 篇。后来美国人对中国人取得的研究成果异常佩服。所以，我觉得研究月亮上的石头也不过如此，和我研究陨石和地上的石头是一样的研究方法。

开启中国探月之旅

此后，我坚信中国迟早也要进行深空探测，我们不仅需要科学和技术上的准备，更需要人才准备。所以我感觉自己应该为此作准备、发挥作用，哪怕提前一个月也好。了解了研究方法之后，我便培养出了一支队伍。现在从事月球、火星探测的很多科学技术方面的骨干力量，有很多是我带出来的学生。从 1958 年开始，一直到 1993 年，我们主要都是做一些探月、探火星必要的基础性的准备工作，我们出版了《月质学研究进展》《天体化学》《月球探秘》等专著，撰写有关月球、行星的科普书籍与科普文章，当然其中花了一段时间搞地下核试验，我们真的准备了35年！

1992年，我们国家载人航天工程立项了。我们分析了当时的条件：第一，我国火箭、卫星的相关技术都很成熟；第二，有一支科学方面的人才队伍；第三，我们国家的技术完全能够实现对月球的探测。在这种背景下，我们提出我国能不能开始探测月球，希望得到国家的支持。我们需要搞清楚一些问题：月球探测要分几步走？我们有没有这个能力？可行不可行？另外，还要讲清楚：探月有多大的必要？对我们国家的科技进步、经济发展、人民大众生活水平的提高及国际地位的提高有哪些实实在在的好处？

于是，我们立即开展了中国月球探测的必要性与可行性研究，搞了一年多，全部调查分析的结果经过几轮专家评审，最后大家一致认为中国应立即开展月球探测，非常有必要，完全有可能！好啊，这一关算过了。

后来又提出一个要求，搞月球探测不能发射一次就完了，应该有一个长远的规划，到底中国怎么搞下去？另外，发展上的一些战略问题，应该怎么考虑？我们都是针对具体问题作准备的，对于这样的宏观问题，尚没有认真的思考过，所以做这项研究非常有必要。

于是我们组织力量来研究中国月球探测的发展战略与长远规划。这件事情又搞了快两年，经过专家论证、评审，我们提出了中国的月球探测分为三个大阶段的设想：第一步是无人月球探测；第二步是载人登月；第三步是建设月球基地。在第一步无人月球探测阶段，应该遵循循序渐进的原则，我当时提出了第一步绕月探测、全面了解月球；第二步落月探测，精细了解局部地区；第三步取样后返回，即把月球上的东西拿回来研究。我们已经有了研究月球样品的经验，要组织全国的力量，要形成世界上最高水平的研究团队，取得水平领先的研究成果。这三步后来总结为“绕”“落”“回”。现在“嫦娥一号”和“嫦娥二号”完成了“绕”月。

“嫦娥三号”和“嫦娥四号”要“落”下去。“嫦娥五号”计划飞到月球上去，取样自动返回地面，完成“回”的任务。

为什么要先做这几步呢？因为只有做了这几步以后才会知道：一是可以到月亮上去；二是可以安全地落在月亮上；三是我们不但可以安全落下去，还可以安全地返回地球。那紧接着就可以把人送上去，所以这是相互衔接的一个整体链条。所以，我们现在准备花 10 年的时间完成无人月球探测的第一个阶段，然后进入载人登月的第二个阶段。现在完全按照这个规划来实施，这样我们先做哪一步，后做哪一步，心里也都有底了。

最后，专家评审认为这个发展战略和长远规划密切结合了国际上的发展前沿和我们国家实际的科学技术能力，是很好的规划，评审也通过了。

紧接着就是要提出具体需求，因为第一次搞很关键，必须讲清楚：要解决哪几个科学问题？为什么要解决这几个问题？要解决这几个问题需要配置什么设备？对卫星飞行有什么要求？所有分系统要达到什么要求才能够最终满足科学上的要求？所以下一步就是精细地做设计，这样又搞了 3 年。从 1993 年到 2003 年，整整 10 年论证，我们完全做到了心中有数。这么走很好，就一步一步来实施。

“嫦娥一号”拍摄的中国首次月球探测工程全月球影像图

2003 年，我们以国防科工委的名义向国务院提交了《实施中国首次月球探测》的申请立项报告。孙家栋院士对整个系统的关键技术一目了然，由他担任组长，我为副组长。整个探月工程执行系统由总指挥、总设计师和首席科学家组成，被誉为探月工程的“三驾马车”。其实，原来的航天项目指挥系统为两总系统，并没有首席科学家，而探月是要以科学探索为目标，同时带动、配合技术的发展，因此对科学研究提出了更高的要求，这样工程的执行实施系统就变成三个人。

“嫦娥三号着陆器”拍摄的“玉兔号”巡视器

2004 年大年初二，温家宝总理批准了我国第一次月球探测的立项报告，就这样开始了我国的第一次月球探测。

当时我们要报经费，参考美国探月工程花费资金，人家都觉得我们这个经费是个天文数字，我们经过反复商量，申报了完成第一次月球探测的全部经费，包括相关基础设施建设、“嫦娥一号”火箭探测器及相关取回来全部资料的研究及成果等，一共 14 亿元人民币。这 14 亿元，我也说不清楚，到底是多还是少，恰好当时北京市宣布新建几条地铁线路，每一公里地铁的造价是 7 亿元。所以我们说，中国第一次月球探测实现全部目标所花的钱相当于北京市修两公里地铁的经费。最后我们真的完成了所有预定任务。

我们又准备了三年，2007 年“嫦娥一号”正式发射，取得了圆满成功，达到了全部科学探测目标。

中国拉开了“绕”“落”“回”月球探测的序幕。

2017 年 7 月

口述

我的从医生涯

黄　宛*

我祖籍浙江嘉兴，1918 年 9 月 9 日生于北京。1943 年毕业于协和医学院，1947 年至 1950 年在美国罗切斯特医学院（Rochester University and School of Dentistry）及迈克瑞斯研究所（Michael Reese Research Institute）任博士后研究员。1950 年回国后先后在协和医学院、阜外医院和解放军总医院担任心肾科、心内科主任等职。从医半个多世纪以来，深刻的“磨难”及喜获知识的乐趣兼而有之，我总觉得从医是一项极其神圣的为人民服务的工作，又是一项极其严谨的科学工作，要有高度的责任心和奉献精神。在我从医 55 周年暨 80 周岁到来之际，我愿简短地把几十年来在学医从医路上的一些经历写出来，算是对自己的一个简略的回顾和小结吧！

“入协和”，走上艰难的求医之路

1. “入协和”终于成为可望而可即的了

我幼年的时候，家里相当富裕，我的父亲黄子美为中国银行高级职员，我们姐弟一共四人，姐姐比哥哥大一岁，我是老三，比哥哥小一岁又

* 黄宛（1918—2010），著名心脏病内科学专家，中国现代心电图学奠基人，中国人民解放军总医院心内科原主任。本文据黄宛 1998 年口述资料整理，未公开发表。

比弟弟大一岁。记得那时很少见到父亲，我们每天早晨在他未起床之前便去上学了，晚上他总有宴会，多半是我们进入梦乡之后，他才回到家中。他与母亲接触也不多，因为她经常待在家中，偶尔到亲戚家去打麻雀牌。晚饭时，家里经常请客，我们四个中谁生病了，父亲总要请一位他熟识的从德国留学回来的冯五昌医生来看病，父母对冯医生和对其他亲友不同，总是倍加尊重，言听计从。这使幼年时期的我羡慕地想，我那父母对医生如此崇敬，我将来为什么不当个医生呢？所以小时候“长大了当大总统”的幻想就改变为“较切实际”的想象——“当一名医生就是最好的了。”

我 5 岁入小学，先后就读于京师蒙养院及师大附小，后因父亲调往上海懋业银行任经理，举家南迁上海。我在上海东吴大学附中读完初一、二年级时，因为懋业银行倒闭，父亲突然失业，半年中家里典当一空，没有任何经济来源，父亲丢下我们母子离家出走，母亲只得带着我们兄妹四人又回到北京，投靠我姨夫凌宴池。姨夫家本来已有四人，因我们的到来一下子就变得特别拥挤了。我母亲自幼勤奋好学，为人忠厚，她认为这不是长久之计，于是在亲友的帮助下进了一家银行，做个中等职员。我和哥哥黄燕、弟弟黄昆也先后转入通县潞河中学读书，以减少姨夫家人口。全靠母亲一人的工作和勤俭持家，我们四个孩子才能上完中学。

在中学时代，我们兄弟才真正懂得了必须刻苦学习，否则就没有出路。当年在潞河中学，我们穿着极为俭朴，都是“家造”的衣服及布鞋。由于我们弟兄三人的学习成绩都很突出，被同学们称为“黄氏三雄”。这时我学医的心愿又进了一步，从“受人尊重”的幼稚想法改变为追求真才实学，做个医生既有益于社会，自己又有个铁饭碗。

1935 年，17 岁的我中学毕业了，哥哥由于幼年多病，要到第二年和弟弟一起毕业。母亲含辛茹苦把我们培养到这一步，自然希望四个孩子都能上大学。但我考虑了一下：如果我们四人都上大学，这对母亲将是一个沉重的负担。当时，入协和医学院每年需要 600 元，入燕京大学要 400

1921 年 9 月，北京协和医学院落成典礼

元，而国立清华大学却只需要 300 元。我报考的几所大学都已录取了，我当然想上燕京医预科，将来再上协和。但协和是贵族化学校，对我来说是可望而不可即的。以母亲的收入，全家要半年不吃饭，才能供给我入协和的费用，于是我被迫放弃了学医的念头，去清华大学入化学系攻读。化学是我当时的第二个爱好。

入清华后，我学医的夙愿并没有泯灭。在同室学友林风的影响下，我的思想觉悟有所提高，参加了“一二·九”和“一二·一六”学生运动。林风鼓励我说：你学习很努力，成绩也好，最好还是学门有实际应用的科学。我便告诉他我本拟学医但学费太高，家庭负担不起。他告诉我，只要成绩名列前茅，就能获得优厚的奖学金或贷学金（毕业后还账），足够学习费用。这个信息重新点燃了我心底学医的希望之火。第二年我便转到清华的生物系，为由清华入协和[①]做准备。岂知第二年夏天，卢沟桥事变爆

① 当时清华、燕京大学都有与协和联动培养医学生的学制。可先入清华学基础，其中尤其优秀的可再入协和学医。——编者注

发，日本帝国主义发动了全面的侵华战争，清华被迫南迁，我只好随行。途经天津时，我收到哥哥和弟弟的来信（他俩正以巨额奖学金在燕京大学就读），告知因日军已侵入华北，南方医预学生不敢贸然北上，为此，燕京医预系破例招收转学生。经反复考虑，我放弃了随清华南迁，毅然回到北平考入燕京大学医预系。为了达到燕大医预系所要求的必修学分，那年我又重读了二年级英语，选修了“词选”“金石甲骨文”“定量化学”“物理化学”等多门课程，十分紧张。幸而医预系主任完全相信我填写的前两年在清华的学习成绩，并且为我写了很好的推荐信。我得以顺利考上协和，这封推荐信也起了重要作用。

1938 年我收到协和的录取通知书，尚不能决定是否上得起协和，继而收到通知，我已考取“入学奖学金”（300 元）及列为前一二名免收学费的奖学金（100 元），两项共 400 元。这样家中每年只需供我 200 元就行了（比读清华大学还少 100 元呢）。“入协和”对于我来说，终于成为“可望而又可即”的了。

2. 协和给了我良好的习惯和坚实的基础

进了协和以后，20 岁的我才真正领会到从医的不易和艰辛。协和独

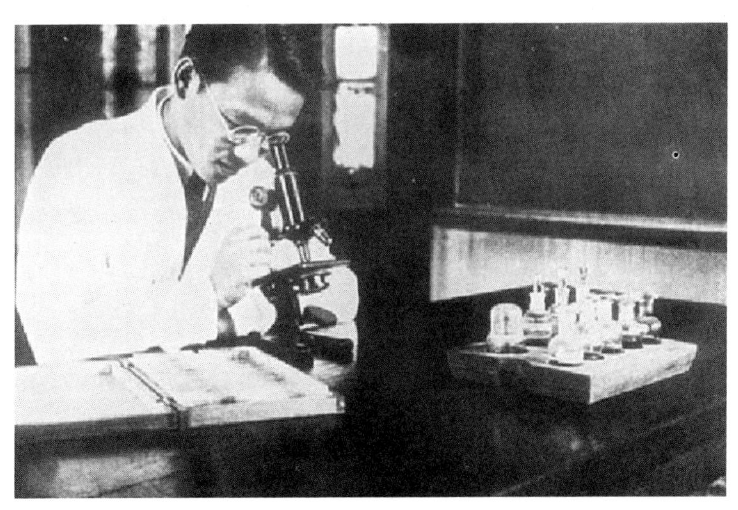

1938 年，黄宛在协和医学院学习

特的教学方法、严格求实的学风以及注重能力与实效的严师，都给我留下了良好而又极其深刻的印象。如今想来，我在尔后漫长的从医生涯中形成的工作作风和工作习惯，无不与母校四年的教育有关。

协和的一个学年分为三个学期，第一学年分别学习生理、生化和解剖三门课程。第二学年的前两个学期学细菌、药理学等几门课程。其中细菌学有一项要求，在今天看来的确有独到之处。这项要求便是在第一次上课时，由教师拿来一些纸条，条上写明要求撰写的题目及导师的姓名，每人抽取一张。我清楚地记得，我抽得的题目是《病毒的物理、化学性质》，导师是颜春辉。当时细菌学还未开始，病毒是一种比细菌还要小得多的新鲜小物，我怎么去写它的物理化学性质呢？一下课我立即打听谁是颜春辉，他的办公室在哪里。原来颜春辉是一位台湾籍的讲师，知道了他的办公室后，我马上去找他。他告诉我如何到图书馆翻阅医学索引，如何把有关病毒的物理、化学文章一一读到、读好，做学习卡片；所有卡片按第一著者姓氏的英文字母顺序编号，然后将读过的各篇的内容融会贯通，写成论文综述。他还特别嘱咐我，必须在每个引用的内容旁边注明卡片的号码，文章写好后，按卡片的号码顺序开列出参考文献目录。这是我第一次到图书馆使用近十年的医学索引，初步学会了查找病毒性能的文章。在众多文章中，我删去英文以外的期刊，专找英文的有关期刊。一一做出卡片，然后去借阅这些期刊。遇到期刊被借出时，还去了解是谁借用的以便在他用完后再去借阅。我把有关文章阅读完后，写出了较详细的摘要。不料，我自每篇论文所附的文献资料中，又引证出更多的文章，从中选出重要的做出卡片，再依次寻找另一批期刊，另添卡片。如此下来，我便拥有近几十年来有关这个题目的一百几十篇文章。一一阅读，写摘要，然后将这分散的资料去粗取精。遇到内容矛盾处，一一寻根究底，去伪存真。最后理顺内容，“引经据典”地写成一篇比较像样的英文论文。这些步骤说来容易，但对于一个低年级医学生来说，做起来“磨难”却也不少。当我把文章写成初稿后，又一遍一遍地修改，并对照文献卡片反复核对，唯恐有误，最后才算定了稿。送交导师审阅时，完全不知是否合格。不料，第二次当我按导师约定的时间去见他时，一见面他便笑容满面地说：“我列这个题目时，还不知这篇东西可以有如此丰富的内容。你整理得如此有顺序，很好，实在是很好！”我当时的心情真是“受宠若惊”。几个月来花的心血，使我初步学会了如何撰写一篇医学综述，为我日后撰写论文奠定了基础。

在临床学习方面，印象最深的首先是董承琅教授教我们学习心脏检查。我清楚地记得，当时划给我们三四个医学生的是一个患有“法乐氏四联症”的白俄姑娘。我们看到她的口唇发绀，听到她的心前区有响亮的杂音，加上典型的杵状指（指病人指末端膨大如鼓槌，指甲高度弯曲。一般认为是由于指末端的血液循环障碍所致），我们便断定她是个“法乐氏四联症”患者。我们满以为可以向导师交卷了，不料两个小时后，董教授再度到我们中间，不问我们是什么诊断，开口便问我们心浊音界叩出来、画好没有。我们一个个被问得瞠目结舌，不知所措。继而问我们摸到她“最大心搏点在哪里，点清了没有”？四个人又傻了眼。脾气最好的董教授看着我们只说了一句“这是体格检查，不是猜谜语”，便拂袖而去。这时我们再查书，书上对如何顺序检查心脏写得明明白白。我们知道犯了大错，却没人再理会我们了，只好一个个灰溜溜地离去。这给了我们至深的印象，从此知道应如何正规地检查心脏了。

协和的考试是非常独特和十分严格的。每到期末考试前一两周，我们便禁止去病房，因为新收的病人要作为我们考试的对象。一学期下来，我自以为掌握了，殊知考试那天，住院总医生分配病人时忽然问了我一句：“你是南方人吧？”我原籍浙江嘉兴，便说：“是。”他哪知我这个南方人生在北京长在北京，对老家话一点不懂（现在我能懂些上海话，甚至还可以南腔北调地说几句上海话，是后来协和停办到上海借读及任实习医生时学出来的)，结果分配给我的病人是个 13 岁的自江浙一带来的瘦小男孩。我一问病史便来了麻烦。我问的他不懂，他说的我不懂，时间一分一分地过去了，我们俩一个南腔一个北调，搞了近半个小时，病历结果等于零。做体格检查吧，体温正常，脉搏较慢，心肺正常，只是在查腹腔时，摸到脾脏大一些，其他正常。连忙去做血尿常规：除了白血球偏低些，分类中淋巴细胞高些，其他正常。一个钟头很快过去了，病历中除稍稍增大的脾脏和白血球略低外，近乎空空如也，诊断则做不出来。可是三位考试教授——斯乃博、刘士豪、钟惠澜都来到了面前，他们怎么考其他同学的我已无心去听了，只准备考我时挨批了！原来准备在教授面前流利地报告病史、体检及化验结果，然后再对答如流地分析、鉴别诊断，现在全都成了泡影。但丑媳妇终要见公婆，当三位教授提着马蹄钟来到我和病人的面前时，我只好说："由于语言不通，我没有问到病史。"三位教授大为惊异。"那么报告体检及化验吧!"我说："只有脾脏大些，肝脏却不大。"再问化验，"只有白血球低些，淋巴细胞多些。""你的诊断?""我没有做出诊断。"刘士豪教授听了，气得就要走。幸好钟惠澜教授是搞热带病的，再看斯乃博教授却还未动气，就问我："就算没有病史，那么脾脏大，白血球低些，你考虑该是什么问题呢?"这一问，突然触动了我的灵感，我立即说："莫非他是个伤寒病初愈的孩子吧?"当时紧张的空气似乎一下子变得轻松了，我这么一句答疑居然把一位已要离开的教授请了回来，顿时使我信心倍增。接下来教授们向我提出了一系列的问题。我心中有了底，回答也自如多了。考试后最使我感动的是，我们组中唯有我的导师黄祯祥大夫像家长一般地在病房外等待我。他详细地询问考试情况，我含着眼泪把考试中遭遇到的困难一一向他倾诉。他连连安慰我说："你的困难我能理解，不论你答的是否正确，你的思路是正确的。"事后查明那孩子果真是个初愈的伤寒病患者。导师告诉我他了解我摆脱了困难，并能正确地做出诊断和答对，经过了以后的考验，获得了较高的评价。当时竟有少数同学以为导师给我加了分，要求自己的导师也给加分，在协和严格的考试制度下，这当然是行不通的。太平洋战争爆发，协和被迫关门之前，学校把每个学生历年成绩发给学生本人，虽然那时它没有什么价值，但我看到了三年来的内科学成绩，确实是意想不到的高分。

3. 抗战胜利后，在林教授的帮助下出国学习

1941 年 12 月太平洋战争爆发，日本很快占领了协和。当时日军的命令是协和医院的一切工作照常进行，日军只派少数驻兵驻守要害部门，据云是“防止破坏”。我们的学习一切如常，只是不准携带仪器往返。那时我正在协和妇产科做代理实习生（协和四年级的学生要轮流到妇产科做实习生）。可是到了 1942 年 2 月，日军派来一名少校军医正式接管全部，把我们师生全“请”出了校门，美国职员则被软禁。

当时，我还缺一年的实习及半年的见习，便决定与另外 9 名同学一起到上海第一医学院供读。开始，上一医不肯接纳我们，后来得知他们迁至重庆的学生不会回沪来做实习生了，反而欢迎我们去（否则他们将没有实习生了）。上一医原来就有与协和交换少数住院总医师以上教员相互见习的传统，所以我们去了以后深受欢迎。

我先是在上一医的海格路红十字会医院（即今天的华山路华山医院）见习，暑假后便开始做正式实习医生。与协和不同的一点是，在协和最后一年，或在内科、外科、妇产科，或在医学院的某一科（如生理、药物、细菌等科）实习一整年，而在上一医却要半年在内科、半年在外科及妇产科。我与陆惟善大夫同被分配在内科实习，在实习过程中，我们遇到并单独处理了不少难度较大的病情，证明协和近四年的培养，使我们确实获得相当强的独立工作能力。有两件印象颇深的事，至今想起来仍记忆犹新。我们实习时每人要管好约 15 个床位的病人，每两名实习生上面有一位住院医生，负责管一个病房，那时红十字会医院的病人周转率相当高。记得有一天我竟然收了 6 名新病人，其中仅两名是再次住院的，不需要写大病

历，只要写个住院病历，其余体检、化验一应俱全。我在当天（当然晚上没有睡觉）完成了所有病人的英文病历、体检及常规血尿检查。当第二天上午主治医生来查房时，我能够不看病历地报告全部新病人的病历、化验及初步诊断，使我的住院医生大为惊喜。

另一次，半夜我被唤起要收一名“癫痫病”患儿。我起身到病房一看，正好是幼年时我们家庭医生冯五昌医生转来的病人，经急诊入院。冯医生及急诊都诊断为“癫痫病”大发作。病人不时抽搐。但我一见患儿，面色苍白，血压极高，立即做了常规化验，发现尿蛋白为 +++，且有红细胞，便考虑这不是癫痫病，而是急性肾炎所引起的急性高血压及高血压脑病，为此及时地做了相应的处理（那时没有今天的各种降血压药，唯有肌注 25% 硫酸镁 10 毫升）。患儿血压下降了，也不再抽搐。我在写病历等例行工作完成后，未惊动住院医生便回屋继续睡觉了。过不久，同屋的陆惟善医生也被叫起来，去收新病人，不到一小时，他也回屋来睡觉。我迷迷糊糊地问了一句：“是什么病人？”他只告诉我是糖尿病酸中毒昏迷病人，自己已经处理好，病人已清醒。他也写完病历回房休息。这一个晚上两个病人的诊断治疗，由两名实习医生驾轻就熟、单独正确地处理了，可以说明协和培养的学生独立思考及正确处理病人的能力是相当强的。

我在上一医见习半年，实习半年，考虑到毕业后不能在日占区工作，便在 1943 年初，辗转进入所谓的“大后方”成都的中央大学医学院完成最后半年的实习。到年底，实习完毕，我被征调至军署任保健防疫科职员。当时，原协和生理系教授林可胜又经陈诚调任副署长。林八岁就离开祖国赴英国学习，二十几岁回协和任教并升任教授，他是一个爱国心很强的人。因他只会普通话却不识中国字，在军署工作有诸多不方便，便把我调到他那儿去工作。我每天的工作是把给他的公文译成英文摘要，经他批示（英文）再由我译成中文发出。三个月征调期满，我便向他辞职，并拟回成都任住院医师。他却说：“抗日战争尚未胜利，你去学什么医？如果你真想学医的话，也得等到抗战胜利后，我保证送你去美国学习。我在第一次世界大战时，随英军打了四年战鼓，并未妨碍我二十几岁便成教授，你敢不敢学我！”在他一片爱国心的鼓励下，年轻气盛的我便随他工作至1945年抗战胜利。

抗日战争胜利后，我了解到协和将要复校，便辞去职务回到北京人民医院（现北医三院）做住院医生，以待协和复校。林可胜1946年、1947年邀请我去上海参加赴美考试，我曾以考试总分第一名的成绩通过，但是，由于我坚决拒绝签署“赴美进修一年后必须在国民党军队服役四年”的条款而放弃，又回到北京。直到1947年秋天，林可胜因公出差途经北京时，专程找到我的住处，很不理解地问我：“你两次考试都通过了，怎么不去美国？”我回答说：“我不仅考试通过了，而且第二次连预防针都打了（当时出国人员出国前必须要查体和打预防针），我就是不肯在条款上签字。”林笑着问我：“我现在给你一个好机会，送你到美国一所好大学，你还去吗？”我还是态度严肃地说：“如果还是需要签字，我宁愿放弃这个机会。”林可胜不禁笑了起来，“你这人真是聪明过头了，你就是答应签字了，一年两年后谁又管得了你，你希望去哪还不是你自己说了算。”我说：“既然签字了，就得兑现！”林接着说这次与以前两次不一样，是他争取到了医药援华会的奖金，不用签字，我这才高兴地同意去美国进修了。

赴美国，攀登心电技术高峰

1. 罗切斯特（Rochester）医学院，留下伴我终生的失眠症

1947年的金秋十月，在林可胜的帮助下，我来到了位于美国纽约州的罗切斯特医学院。这是美国一所著名的医学高等学府，图书馆、实验室及许多先进设施齐全，尤其是学习环境十分优美。我考虑到我用的是医药援华会的奖学金，以为只有一年的学习时间，便一头扎进图书馆和实验

室，尽最大可能多学些知识。我选择的目标是心脏内科学方面，主要是心电图、心脏 X 线检查，还初步了解了心导管技术及血氧含量的测定技术。每天晚上几乎没有在 2 点之前睡过觉，从未休过节假日。由于劳累过度，从这开始我便有了失眠症，各种方法都不能使我入眠，最后只得靠巴比妥类的速可眠维持睡眠。

麦坎（McCam）教授是值得我尊敬的一位美国学者，他对我很友好，有时他问我："你为什么这样勤奋？"我只是简单地回答说："我在这里的学习时间非常有限，不这样，这么多新的东西我怎能学会？"麦坎教授有些不理解地说："你还可以多学些时间，甚至留下来与我们合作。"我心里明白这是麦坎教授的心里话，可我不想在这里待太久，我认为这里的心电图仍是陈旧的三个标准导联，而新的多导联心电图学还未展开。半年之后，我便提出要离开这里。

我要求到位于芝加哥的迈克瑞斯研究所（Michael Reese Research Institute）去学习。麦坎教授显得很为难，他诚恳地对我说："迈克瑞斯研究所条件和技术虽然不错，但你去了之后，我保证你会感到不快活。"我后来才知道，教授在暗示那里是犹太人的医院，竞争很激烈，因为美国当时是排犹的，犹太人处处受到歧视。我当时一心想学技术，也就未考虑到这么多，于是还是决定到迈克瑞斯研究所去。临别前，麦坎教授对我说："罗切斯特的大门随时向你开着，你如果感到那边不适应，我随时欢迎你回来！"

2. 迈克瑞斯研究所，我谢绝了卡斯（Katz）教授的挽留

我到迈克瑞斯研究所才发现这是个专为犹太人办的研究机构，这里几乎全是犹太人。学习条件在当时是比较优越的，研究所有自己的实习医院和实验室，教授全都是美国知名度很高的医学专家。可是春天一过，我一年的医学援华奖学金就要用完了，是留还是回，我心里一时十分着急。这时，教授我心脏生理学的卡斯教授看出了我的焦虑，他便每周一次与我谈

话，有一次，我迟到了，他问我原因，我只得告诉他我的奖学金已结束，现在晚上去一个铁路医院的血库做抽血工作，一直到12点，为此回院迟到了。他开始让他的助手每月发给我40美元的补助费。随后他又准备给我申请一种高额的奖学金，但除我的一名教授外，须另有一位教授共同建议。我想来想去我认识的美国教授只有原来在Rochester大学的McCam教授。我只得写信给他，希望他能如实地给我写一封推荐我申请美国医学会的高额奖学金的信函。出乎我的意料，不但McCam教授的助手把推荐信的底稿寄给我看了，连Katz教授的助手也把他的推荐信底稿给了我。两封推荐信都对我倍加赞扬。为此我获得了当时最高额的奖学金——每年平均3000美元。

我在Rochester医学院时，他们已经开始开展心导管技术。那时他们要请外科医生在手臂上做切开，暴露血管，再由内科医生把导管送入。但当时他们还没有掌握透视技术，便邀请我来指导如何进入上腔静脉、右心房、右心室，并在那里测压及抽血（为了测定血氧浓度）。一次，导管自右心室流出逆进入肺动脉，这是他们首次意识到心导管竟然自心脏进入肺脏，大喜之下，请McCam教授来看。实际上这是心导管术必须达到的境地，而且必须把导管送至肺动脉的最远端，这样才能取到必要的血标本及压力。与此同时一位来自智利的进修生又告诉我测定血氧浓度是必须学会的技术。我也学习掌握了这门技术。

到芝加哥Michael Reese研究所后，他们也想开展心导管技术。先是由一名曾在英国学习的捷克留学生来领导，但他态度过于傲慢，很快被同事排挤出去。嗣后便由我领导。我自己动手切开手臂上必然可进入胸腔的血管，然后一步步进入上腔静脉，右心房、右心室、肺动脉，一边做一边讲解。我自己做了60例之后，便让他们轮流去做，我只看透视，进行指导。这些美国进修生只希望能亲自做导管插入，而对测血压、写分析报告不感兴趣，为此无论是我或他们做的都要由我来收尾。分析血氧，做出报告，实际上是我掌握全面技术及结果分析。

以后各项研究工作，除了心导管外都是我出题目，由其他研究生辅助完成。到 1950 年春，我感到这是我该回国领导中国人研究的时刻。就这样，我开始写信与协和联系。

当初与我一起进入迈克瑞斯研究所的美国同学，后来因为我一直指导他们，在我离开之前送给我一本书，意思是感谢我对他们的帮助。这本书上签满了他们的名字，至今我一直留在身边，许多朋友几十年来一直保持联系，如门罗、艾卡迈等，他们只要来华访问就要来看我，我到美国去参观访问时，也要去看他们。

协和接到我的信后非常高兴和重视，立即给我发出了聘书。张孝骞主任亲自给我来信催道："你回来，中国同样有你发展的地方！"我还有不少奖学金，准备等用完就回去。但是，我想，张孝骞主任的女儿同样在美国学放射内科，他不写信催她回去，为什么一个劲地催我？我当时心里很不理解，寻思是不是中国大陆对知识分子政策真有什么变化？后来我回国后才知道，此时的协和各科室分得很细，他们没有心脏科的学科带头人，迫切希望我回来工作。

7 月初，我购好船票，从芝加哥出发直达天津大沽口。由于船在太平洋沿岸许多港口不能停泊，这样本来近十天的航程，结果走了半个多月。我心里很是着急，万一路上出了问题就麻烦了。船行至台湾后，允许上岸。船长说："已经到台湾了，你可以趁机靠岸。"我说："我不能去，我就是因为不愿意为国民党军队服务，才推迟两年出国。现在让我上岸，我宁愿随你们回美国也不去台湾。"很快船到了香港，可香港没有轮船登陆的权力，美轮船公司立即与香港交涉，要求派遣警察把我们送往深圳。在香港，我有不少亲戚，包括我的岳父和我的孩子等。他们得知我回来，都在等候我，并对我说："你人可以到深圳去，行李放在香港的仓库里，等你到了深圳后，我们派人把东西送过去。"到了深圳，我住在一家小旅馆里，经过不少周折，才回到香港我岳父家里。此时，由于广州发大水，铁路中断，我在香港一直待了二十多天，直到交通恢复后，才从香港经汉口回到北京。

回祖国，在新中国的心脏内科医学领域奋力拼搏

回到北京这块熟悉而又陌生的土地，我的心情尤为振奋，各条战线捷报频传，广大人民群众热情很高，一种当家作主的主人翁意识油然而生，这是我从未想象到的。我想，我回到自己的祖国是个正确的选择。刚刚从废墟中站起来的新中国，百废待兴，振兴祖国重建家园的艰巨任务，落在饱经沧桑的中国人民头上。

1950 年 8 月，我到协和医院后就很深刻地感触到一点：偌大的协和医院，根本不像我年少时在此读书的样子，这里环境既乱又脏，战争的创伤在她身上留下了明显的痕迹。实验室、图书馆都布满灰尘和蜘蛛网，不少贵重的医学仪器拆得东一块西一块地摊在地上。此时，全国的心电图技术几乎是一张白纸。就连这么大的医院都不能做心电图，更谈不上做心导管。我顿时觉得自己身上的担子不轻，更明白了张孝骞主任催我回协和的良苦用心。

1. 填补空白，开创十二导联的心电图和心导管技术

我到协和后，张孝骞主任就对我说："协和的恢复和发展要靠你们这些年轻人了，国家目前的情况是这样，只有靠自己的双手了！"我默默地点了点头。回到协和的第一天，我就一头扎进了心电图室。

摆在我面前仅存的一台满身灰尘的心电图机，是 1928 年生产的仅供研究用的老式弦线性的。日本人占领协和以后，因为不会使用，便把里面的一些零件破坏了，但仍有三支弦线保存完整。我首先清理这台机器，想方设法把它恢复起来。在清理过程中，我发现这台心电图机的核心部分出

现了故障，它的导丝断了，便与方圻（协和医院名誉院长）同志一起考虑把它装起来。我们找到从前使用过这台心电图机的马万森教授，马教授很遗憾地告诉我们说：“我只会看心电图，如何装这根导丝，只有技术员会，而这名技术员在日本人占领协和后就离开协和，现在不知何处。”我们经多方打听，找到这名技术员的下落，他现在在一家药店当老板。可是当我们求他回来帮忙时，他却表示不愿意。无路可走了，我便与方圻同志下定决心，坚决要把这根导丝装好，把心电图机恢复起来。

这可不是一件容易的事。这根仅有 7μm（红血球的直径，肉眼仅在强光下能看其反射的光线）的导丝，要装在窄于 1mm 的缝隙中间，没有过硬的技术和丰富的经验是很难办到的。我们小心谨慎反反复复地装，可是还是毁断了三根。我很痛心，只得派人到上海去买（当时仅上海有一家能生产），经过十多天的努力，终于装上了这根导丝，从而把心电图机恢复起来。

我在使用过程中一直这样想，这是 20 年代生产的，仅有 3 个导联，美国迈克瑞斯研究所已经用上 12 个导联的心电图机了，我能不能把它改造一下？于是我拿出从美国带回的导管，在 3 个导联旁边做了个盒子，试着把它改装成 12 个导联的新机器，没想到这一改造竟然获得了很大的成功。从此，协和不仅有了心电图机，而且能做 12 个导联的心电图。我为这一成功高兴不已。

第二年（1951 年）开始，我就连续在内科学杂志上发表文章，介绍多导联心电图的诊断意义和使用方法，并积累一些临床资料。我想，仅协和能做这样的心电图远远不行，我们要有一批掌握技术的专业人才。我决定举办全国性的学习班。就这样，从 1951 年的春季开始，我在全国各大医院招收学员，每期五至六名，学时为六周左右。我白天教他们，我的助教做辅导，彼此关系很融洽，他们有问题随时问我，我总要耐心地指导。掌握了技术后，我对所有的学员要求说，回去之后要迅速担任起教员的任务，继续办好小班。

抗美援朝爆发后，我们的工作和研究更加困难，在美国自罗氏基金订的全套多条各号心导管、电血压计、电血氧测定仪等，现已成为泡影。但协和作为综合性医院仅仅有心电图是不行的，必须开展心导管技术，否则心脏病的诊断和治疗仍很落后。但此时，协和实验室仅有供示范用的 F6 和 F7 两支心导管。我在方圻和刘士珍技术员的协助下，因陋就简地从废品仓库中找出个蒸汽锅上的表（可以测平均压），自血液组取得一组简单的但难以操作的 Scholander 管子可简略地分析血氧，就这样自 1952 年开始做右心导管，为日后做出心导管各项检查打下了初步的基础。

我在美国学习时知道，美国的一条导管最多只用两到三次，但协和只有两条心导管，我此时就像保护自己的眼睛一样细心地保护好这两条导管。自 1952 年至 1955 年间，就是凭着这两条导管，我为几十个人做了导管检查。这就是我在国内做右心导管检查的极原始的开端，直至 1954 年进口了英国的电血压计，1955 年进口了法国的导管，这种局面才告结束。但法国的导管在人体内太软，极难操作，我便想出内插细钢丝的方法，才便于操作。自 1956 年开始，我又采用传授临床心电图技术一样的办法，招收全国的学员办小班开展教学，让他们迅速掌握和推广应用心导管技术；另外在内科学杂志上介绍右心导管，以便使全国的医务工作者有所了解和掌握。

2. 临床苦学，成为心脏病学专家

我在国外主要学习和研究心电生理等方面的知识，临床方面比较薄弱，而在协和担任大内科心脏学组长时，临床治疗的任务很重。当时协和心内、心肾合为一个组，病情很复杂，我于是暗下决心，一定要把临床的担子挑起来。于是，我给自己定了一个严格的学习工作计划：每天上午在病房看病人、学临床，从实践上学习；下午在研究室做实验，进行心脏病研究；晚上看书，从 8 点一直到次日凌晨 2 点，学习 6 个小时。按照这个计划，我从 32 岁一直坚持到 40 岁，在协和八年如一日，从未因故中断过。加上我有很好的心电生理学和心电图学、心导管学的理论基础，我不仅掌握了临床技术，而且赢得了领导和同志们的高度信任。

当时，中央保健局了解我的临床能力后，让我参加党和国家领导人的保健工作。自 1956 年，我开始参与邓颖超大姐的保健，尔后又为总理的保健医生交班时讲课，深得总理的信任。1957 年秋，总理得知傅作义（时任水利部部长）自长江三峡考察后回到太原老家，突然患了心肌梗死，他便立即指示我速赴太原为傅部长检查。飞机抵达太原后，我立即奔赴傅下榻的太原宾馆。据保健医生讲，傅患的不是心肌梗死而是胃肠炎，理由是他服药后呕吐得很厉害。我向傅部长详细询问了病情，认为心肌梗死的可能性很大，于是问旁边的医生是否做过心电图，他们回答说这里没有心电图机，我立即让他们马上给太原市所有医院打电话，询问有无心电图机，最后终于找到了一台。心电图结果表明，这是一个很明显的广泛心肌梗死，呕吐的原因不是胃肠病，而是服药不适引起的。于是我安排傅部长立即转院到太原市人民医院进行心脏诊治。

太原市人民医院条件很差，一无设备二无技术。傅部长得知这一情况后很是着急，询问能否转院到北京治疗。但当时他病情严重，不能动。于是我只得反复做他的工作，让他千万不要着急，我们会创造条件认真治疗。他自己根本没有意识到病情的严重性，整天急着要回北京。我一边加强药物控制，一边进行心理治疗。两周后病情得到有效的控制，这样方才让他回到北京，安排在协和医院治疗。我一直在一线关注他的病情变化，直到他痊愈出院。

在临床工作的同时，我不断积累经验，并把它总结成学术成果。1956 年由人民军医出版社出版发行了我的第一版《临床心电图学》。此时新的心电图机已陆续进口，国内上海也在试制。第一版发行后，到 1960 年已重印九次之多，后因原来的图片不清晰，人民卫生出版社与我商量，要求再版，于是我以新的概念于1964年又重版了第二版《临床心电图学》，同时与陈新（当时名陈星正）同志合编《临床心电图图谱》，嗣后每隔十年再次修订，至90年代已发展为带有心电生理的第五版《临床心电图》。

3. 创建大动脉炎概念，补获卫生部一等奖

1958年秋，协和医院改组，我所在的心肾组被编到阜外医院去了。此时的阜外医院，作为中国医学院下属的一所专门研究治疗心血管病的医院，是由协和心肾组和吴英恺教授从黑山扈带来一批学者联合组建起来的。我到后担任心内科主任。

此时的阜外心内科共分三个组，一是高血压病组，一是冠心病组，一是一般心脏病组（如风湿病、其他心脏病等）。我在高血压病组中研究发现，有一组年轻的女性病人（多为20岁左右），她们血压极高，且多有一些轻度炎症表现，细心自腹腔听诊可以在肾动脉压区听到血管杂音。我怀疑这是一种由炎症引起的肾动脉狭窄引起的高血压。经动脉造影术检查，果然得到证实。我觉得她们应该进行手术治疗，把狭窄的部分切除，使之与大动脉相通。这可是一种很大的手术，难度极大，我考虑到这是我遇到的首批这类病人，不能放过这个机会，于是我决定由外科进行手术。手术后病人症状明显好转，血压立即降至正常。这个新的发现，令我马上联想到诸如此类的病症：日本眼科医生报告的Takayasu（达卡压缩）病、国外医学报告的主动脉综合征以及众所周知的无脉症等等，可能都是因主动脉及其主要分支炎症性狭窄引起的。1962年，我以这个概念为题，在《中华医学杂志》外文版上发表（因我当时遍阅文献，尚无人提出过此概念）题为“主动脉及其分支的炎症狭窄”的文章进行介绍，并以我的学生刘力生（原名刘丽生，当时为高血压组的负责人）的名字为首，在《心脏内科杂志》上用中文发表。此时国内医学界尚未引起足够的重视和关注，直到70年代，日本学者亦提出此概念，并到国外进行讲授。到了80年代初，日本学者到阜外医院讲学之时，刘力生教授便向他们介绍这一情况，并把

我 1962 年发表的学术文章拿出来给他们看，日本学者才感到自己落后于中国，很诚恳地接受这一事实，承认是中国人最先提出这一概念，并希望见到我，尔后他们在发表文章介绍时始终把我的文章列为首例。直到 30 年后，卫生部领导及同人详细了解这一情况后，给我补发了卫生部一级奖励证书和资金。

通过这件事，我更进一步感觉到：我们在从医过程中，无论是做临床还是搞研究，一定要善于动脑筋想问题，举一反三，触类旁通，捕捉一些有价值的新东西。我体会到，我们研究到一定的程度就要开花结果了，我的这一发现正是开花结果的开始。

4. 开发右旋糖酐在动脉硬化等疾病中的应用，小发明解决大问题

1965 年我了解到，天津血液病研究所应用一种名叫“通脉液”的试剂（实际上即低分子右旋糖酐溶液——原本用于代血浆用），治疗河北沧州一带的多发病 Burger（百格）病屡见功效。阜外医院陈再嘉同志（时任冠心病组长，阜外医院名誉院长）赴津听取报告，回京后告知我这一情况。当时我们虽还未了解其治疗机制，但同时想到是否可以治疗冠状动脉狭窄的疾病呢？我对陈说：“我们也可以用它来试试，我们不治 Burger 病，但可以用它来治动脉硬化。”她心中也早有同样的想法，于是我们随即进行实验，果然临床效果良好。显然这又是一个发明。不多久，这项发明不胫而走地应用于脑动脉硬化、肢体动脉硬化形成的间歇性跛行，都收到了较好的效果。

70 年代初，一位久患 Raynaud 病（即每逢冬天天寒时就出现四肢紫绀，生发冻疮，甚至可烂见骨）的女病人找到我，当时对此病尚无疗法（直至八九十年代国外始有人用钙拮抗剂治疗此病）。我即想到可否用右旋糖酐进行治疗，一个疗程（二周）后，当年冬天就未再出现病症。我建议她再做一个疗程，她认为既已好转，似可不必，我反复做她的工作，向她介绍这种病症的顽固性和后患，在我的坚持下，她又做了一个疗程，自

那时至今，她的病再未复发过。此外，有一妇女来信告诉我她有同样的病症，我回信让她到较大的医院按此方法治疗。次年，她再来信说经治疗后已见奇效，兴奋感激之情洋溢在字里行间。对于右旋糖酐治疗这类动脉硬化狭窄的病，国内虽有人做过零星的报道，但对它的药代动力学及药理治疗进行分析，至今尚未见完整的报道。

在开始使用右旋糖酐输液过程中，我发现患者每日须输 500ml，并且须缓慢滴入，经肘静脉输液往往至午饭时尚未输完，患者午饭只得靠左手或右手一只手吃饭，十分不方便。我想，手上有好多静脉，能不能改良一下，用手背上的小静脉来输液？星期天，我让医生把针头锯短些，用塑料管把它接起来，我坐在病房值班室，让他们用小静脉给我输液做实验。我说，你们给我输上，我在这里看书。由于没有经验，没过多久我就须上厕所小便了，但给年轻的护士说又不方便，我就自己带上输液瓶去上厕所了，解完小便后我又把输液瓶挂回房间，这个过程中根本没有痛苦的感觉。看起来这种输液方式很方便。输完后我让护士过来帮我把针头取下，没想到效果有这么好。当时，阜外没有“头皮针”，这种成人的小静脉输液法很快流行开了，右旋糖酐各类静脉输液都用这种方法，国内不少医院纷纷学习和采纳。这虽是一个小小的发明，却解决了大问题，既方便安全又大大减轻了患者的痛苦。随即我又组织力量研制“头皮针”，后来发现徐州有生产这种“头皮针”的厂家，我们才停止了自己的生产制造。

这一小小的发明，令我感触颇深：作为一名医务工作者，注意观察、注意积累一点一滴的经验是多么重要啊！

5. 路有三条，我选择了一条难走的路

1960 年初，张孝骞主任向陆定一副总理进言：协和要恢复，要把它建成国内一所大的综合性医院。经组织决定之后，曾经因解散而调出的骨干被陆续调回。我因任阜外医院心内科主任，有培养研究生的任务而被留了下来。但医学科学院的领导却没有忘记我。

到 1965 年初，时任医学科学院政委的张之强同志找到我说：“解放军总医院心内科尚无知名人士，他们向卫生部领导多次反映过，卫生部领导考虑再三，有调你过去的意思。”张与我关系不错，他接着告诉我说：“现在摆在你面前的路有三条，一是不去，继续留在阜外当主任；一是去兼职，人先不过去，关系留阜外；一是直接调过去。”三条路摆在我面前，我考虑再三，认真地对张政委说，“我这个人带一个科还吃力，兼职肯定不行，既然领导认为我可以调过去，而且总医院又迫切需要，那我就别无选择了，我愿意到总医院工作。”当时，不少同志包括我的家人、同事和学生都很不理解，认为我去总医院很不合适，理由是解放军总医院建院时间不长，条件比阜外差，连病房和一些起码的基础设施都还没有配套，且位于很偏僻的西郊。认为我从国外到国内工作多年，已经有了一套过硬的技术和经验了，留在本单位对事业的发展有利，何况到一个新单位环境不熟悉，尤其对军队的一套规章制度也不太了解。有的好友甚至很严肃地对我说：“去总医院会耽误了你。”我当然有自己的想法，朋友们对我的劝告是有些道理的，是出于对我的关怀和爱护，我表示感激和理解。但我一直是一个非常有主见的人，我想既然组织上看中了我，总医院又需要我，即使有再大的困难也要克服。何况全国人民不是在向解放军学习吗？部队医院是直接为解放军官兵服务的地方，我更应该去。后来，张之强政委自己也对我说：“你选择去总医院是选择了一条难走的路，正因为难走，组织上才让你去。”

张政委之所以推荐我，原因是多方面的，但最主要的是我曾亲手救治过他，把他从死亡线上拉了回来。

1965 年的春天，张政委患了肺结核病，住在阜外心肺科。我去看他时发现他手术前未做心电图检查，便劝他去做一次心电图，结果心电图正常。可是手术后屡次发生咳血，并有胸闷。开始肺科专家会诊仅以为是术中血管结扎不好所致，但他本人感到胸闷太重，术前症状没有什么减轻，要求请多科主任会诊。作为心内科主任的我参加了这一会诊。我在会诊中观察到，他的憋气问题一直不能解决，会不会是肺部静脉栓塞？我再次给他做心电图，反复对照两次心电图的结果，发现出现了右室肥厚现象，原因必是由于肺梗塞，我进一步确诊认为是肺静脉栓塞。大家一听，认为这样问题就大了，于是决定请张孝骞（时任协和医院内科主任）来会诊。张主任经过认真观察和分析后，完全同意我的意见，当即认为要溶栓治疗。就这样，我带着陈再嘉、刘力生两人不分昼夜地留在他身边观察治疗。

溶栓是件极不容易的事，稍不注意就会造成患者窒息死亡。我于是搬到病房来住。这时张政委自己也感到问题严重了，他多次问我说："黄主任，你看我还有没有希望？如果没有希望就算了，免得医院这样大动干戈劳民伤财！"我耐心地对他说，"你身为政委，作为我们的总领导，你怎么能讲这样的话呢？现在我们正在组织力量进行治疗，我看只要你有信心，积极配合治疗，一定会有好结果。你要相信科学，相信大家。"经我这么一说，他本人感到实在不好意思，信心也足了。结果，在我们的齐心协力下，溶栓十分成功，他的命被救了回来。就这样，我俩便成为好朋友。

第二年春天，我告别了工作八年的阜外医院，跨进了位于西郊五棵松的解放军总医院的大门。

到总医院，人生又一次大转折

张之强政委与我谈过之后，很快卫生部就来了调令。由于当年 4 月份，艾思奇先生在阜外医院住院，需要手术，我便在处理完他的事之后，于 10 月底搬进了解放军总医院。想不到，由于时局的变化，我一踏进 301 医院，便陷入了"文革"动乱的劫难之中。

1. 成为邱会作的"眼中钉"。总理明察秋毫，安排我去为胡志明保健

20 世纪 60 年代的总医院，远没有今天这样辉煌和神秘。这里的条件

很简陋，心内科病房是刚刚从内科系统中分离出来的。我到后担任一部副主任兼心内科主任（此时黄克维教授是一部主任）。

当时正值“文化大革命”的热潮疾风暴雨式地席卷全国上下，做学问搞科研的环境一天天地遭到破坏。11 月底，上海二医大的同志揪出了邱会作（时任总后卫生部部长）。邱为了逃避这场风暴就说他身体不行，心脏有病，神经衰弱且腰肌有伤。我因说了实话，被邱会作视为“眼中钉”，邱安排亲信找机会要报复我。就在这时，1967 年 10 月，越南共产党总书记胡志明同志到北京看病（住在玉泉山），总理派人通知我去玉泉山为胡志明诊疗。当时不明真相的我还一本正经地对总理说：“我听说胡书记是神经系统的病，与心脏上的关系不大，我去不大合适吧？”总理很严肃地对我说：“你怎么这么笨，北京医学界的知名人士你都较熟悉，你去了之后将来会诊好办。”我目睹着日渐消瘦的总理，不知说什么才好。直到到玉泉山之后，我才明白，总理是在想办法保护我，让我离开那个是非之地。

转眼到了第二年 4 月，胡志明感到身体恢复得很好，想回越南。经总理批准，我们同意了他的要求。临别时，胡书记让我们在此继续等两个月时间，说如果两个月后他不回来，就证明他的身体状况很好，暂时不需要再回中国复查，医疗组可以自行解散。这样，我们一直在玉泉山待到 6 月份。6 月中旬，胡没有回来，我们便解散了，我回到了心内科。不料，这便是挨整的日子的开始。

到了小麦成熟之时，邱的爪牙为惩罚我，命令我到京郊的大兴县去收割小麦。我从小到大从未割过小麦，在这炎热的盛夏，“上面”的人指示，其他三人割一垄，我一人必须割一垄（面积相同），并且速度要与别人一般快。三天三夜，我没合过一眼，汗水、泪水模糊了我的视线，整个人瘦了一圈。回到家，母亲看着我直掉泪。此时的她，已经发现情况有些不对劲了，但我仍咬着牙告诉她老人家，我不会有事的。

就这样，我上午工作（含变相体罚），下午挨批，一直到第二年的2月份。这时，总理再次点名让我去给胡志明同志治病。我上面的“头头们”只是对我说：“上级有指示，让你去出差，快回去准备。”我满腹狐疑，“出差干什么？”“出差到哪里去？”“我该怎么准备对母亲讲？”我想到，是不是他们又在耍手腕整我！但是“上面”有令，不管怎样还得去，于是我简单地带了几件衣服就上车了。没想到车子一下子把我送到北京饭店。

晚上周总理亲自来到北京饭店。一见到总理，我就放心了，心里特别高兴。总理话不多，只是对我说：“胡志明书记心脏情况很不好，我让你出趟差，到越南去，你思想上有什么负担没有？”我对总理说：“我犯了错误，批评还没结束，我怕我还会犯错误！”总理笑了笑，然后很严肃地说：“这些都是‘文化大革命’早期的事，你要正确对待，放心吧！”在总理的安排下，第二天我就抵达了越南。

越南共产党的高级领导人目睹了我带领中国医护人员治疗、抢救胡志明同志的全过程，非常感激地说：“我们越南医生都做不到这一点，你们太舍己救人了！”后来，他们一行人要给我们颁奖，并说：“这种奖章只颁发给在前线战斗牺牲的越南军人，你们的精神太使我们感动了，所以我们才做出这样的决定！”

2. 首例正压呼吸抢救法成功，病倒在阿尔巴尼亚的贵宾楼

我因带功回国，到科里以后也就再没有人算我的老账了。这时，我把全部的精力都用在心内科的全面建设上，争取把失去的时光夺回来。我的病房里放了一张单人床，专为加班加点不回家休息时使用，并把重要的病历都放在床边，随时进行查阅。

我在分析病历的过程中发现：秋冬之交，有不少青少年，无论是来自北方还是来自南方，因穿得少而活动量大，患上了严重的肺水肿。我遇到的第一例病人是住在当时公安医院名为刘艳君的一位女青年。公安医院收了她之后，向我院求助，我立即派出两名得力的主治医生前去抢救，用了

西地兰、吗啡等药品之后，四肢轮流束紧，仍不能止住口喷粉红色泡沫，他们很着急，要求我亲自过去抢救。我到公安医院之时，患者正由三名护士扶在床边，口喷粉红液体。我见目前国际上通用的办法均已用尽，将如何进行抢救呢？考虑到情况危急，针对肺毛细血管压超过肺小泡内压力的病因。我想必须迅速加大肺小泡压力，使之超过肺毛细血管压力，方可挽救患者免于被自己的血浆溺毙，唯一的办法是用呼吸机加大肺小泡正压才能使患者脱离危险。我的想法得到该院院长、政委的一致赞同，同时我要求他们立即把我院宋运琴同志（时任我院麻醉科副主任）请来。宋主任到后，也同意我的意见。于是我们立即用插管法，经麻醉机手捏皮球加压，同时设法利尿（降低血压）。患者迅即停止喷液，肺内水泡音随之减少。我当时明白，此法虽为治标的急救法，但一方面可持续应用，另一方面采取办法强心利尿（当时尚无利尿酸或其他速尿试剂），最起码能减轻危险性。经过两天的救治，患者脱离了危险。

回来后，我就认真分析这类病例。同时，我们也接收这类重病患者，用同样的办法均挽回了生命。后来我遍阅了国际有关文献，均未见有用此法抢救者。国内大量医学刊物由于在“文革”中被迫停刊，我虽然无法及时把这种办法写成文章进行介绍，但是不少医院得知这种情况后，纷纷来函来电询问。于是，这种正压呼吸抢救特急性左心竭的严重肺水肿的方法，不胫而走，许多医院广泛应用，挽救了大量严重肺水肿病人的生命。

1970 年秋，阿尔巴尼亚领导人霍查发现心脏不好，他的保健医生对他说：“中国有个受过美国先进教育的医生，他的心脏医术很高明。”于是，总理又把电话要到总医院，要求我去给霍查治疗。我当天就做好了准备，根据总理的要求，迅速飞往阿尔巴尼亚。到了以后，才发现这是一个比想象中还要落后许多的国家。已经进入 70 年代了，国家领导人连电风扇都没见过，更不知如何使用。这里的保健医生对我说：“霍查同志是心绞痛，治疗了很长时间不见效。”我立即要求做心电图，并认真了解病历和观察病情。结果我发现，他的情况和我曾治疗过的胡志明的情况一模一样，又是一个典型的“无Q波心肌梗死”。当然，此时的阿尔巴尼亚医护人员是根本认识不到这种病的。按照我的治疗方案进行后，病情有十分明显的好转。霍查的战友谢胡了解此情况后，立即请求中国方面加派医务人员，加强对霍查的治疗和护理。可是，就在这时我却感到浑身不舒服，心慌胸闷膀子疼。我组医生的负责人说这是气候不适引起的风湿病，让我吃激素，可是激素副作用太大，我吃了两三天后，血钾降低，胃疼得厉害，肠子蠕动也不行了，全身就像散了架，生活不能自理，最后只得由两名同志搀扶我才能动。我明白：一方面是吃激素引起的副作用，另一方面是近期太劳累了，这时霍查的病已有了恢复，阿尔巴尼亚的医生看我这样都着急了，我万一出了问题他们可怎么交代？整天住在贵宾楼里的我，知道自己必须回国检查了。于是，他们派人让我跟着送乐队回中国的飞机把我带回北京。经检查，我患的是典型激素引起的出血性胃炎，在本院住院治疗后，逐渐好转。而此时我的母亲突因心肌梗死而去世了。病中的我只得离开病房回家奔丧。身为心脏病专家的我却没有为自己最敬爱的母亲做过一次检查和治疗，至今我都感到愧疚不已，感到对不起辛苦一生为我们操劳的母亲！

3. 开辟心脏病患者做大手术的禁区

我在家养病的时候，院首长亲自登门看望我。一方面安慰我节哀，好好注意自己的身体；另一方面与我谈到总医院建设方面的事。院首长对我说：“三部目前心脏临床方面的力量薄弱而任务集中，安排你到三部去担任副主任兼心脏科主任。”我明白首长们的意思，三部目前技术力量青黄不接，而保健工作的任务既艰巨又重大。调我到三部是领导对我的信任。我当即回答说：“只要工作上需要，我坚决服从组织安排。”就这样体力稍一恢复，我就到三部来了。

到了三部，我发现除了专业人才有断层之外，领导偏于保守也很突出。1973年秋季，越南领导人黄文欢因患肺癌，准备送往东德治疗。在途经巴基斯坦时，他们到中国驻巴基斯坦大使馆说，希望能到中国医治。使馆人员把此情况报告中央后，决定让他到我们医院来。黄文欢住进三部后，我们很快成立了专门的医疗组对他的病情进行分析。当时，有的同志认为，黄文欢的心脏不好，虽患肺癌，但做手术风险太大，趋向保守治疗。我则认为：黄患的是肺癌，手术风险的确很大，但这是目前最好的治疗方法。在 70 年代，患有较明显的缺血性心脏病都被认为是做大手术的禁忌证。我反复分析，如果病人不马上实施手术，癌细胞很快就会扩散，这无异于宣布死刑。越南当局之所以改道来中国，这是对中国医务工作者的信任，也是考验。于是，我决定请北京结核医院和肿瘤医院的专家一起会诊。他们的意见也不统一，只有半数专家同意做手术。而不同意手术的理由就是：怕在手术中心脏出问题。为此，我当即表态说："我做了一辈子治心脏病的医生，从未出现过一次手术事故，如果是因为怕心脏方面出问题而不进行手术，那么我可负全责，心脏方面的问题我包了！"这样一来，决定做手术的意见占了上风。

越南随行的医务人员请示黄文欢，要求让日本医学专家参与意见。黄亲自向日本求援，日本派出一个医疗队。他们的意见和我一样，认为虽有心脏病，但必须而且能够手术。但黄文欢对日本医生说，只要求他们提出能否手术的意见，做手术他相信中国医生。这样，日本医疗队全部返回。

我立即部署手术前的各项准备工作，在手术中严密监护，与麻醉师共同商议，用心电图监护病人，随时以必要的治疗，手术后期严密保护心脏。结果，手术进展顺利，肿瘤切除了，心脏也未出大问题。一连几天，我睡在病房进行观察，随时处理可能发生的一切问题。就这样，我们的手术获得了圆满的成功。黄文欢回国后又活了十年。从而打破了肺癌患者活不过两年的说法（当时），开辟了心脏病患者做大手术的禁区。

与此同时，为解决人才短缺问题，我先后带了两批研究生，让他们迅速充实到一线去。

居二线，不用扬鞭自奋蹄

1982 年，已经在三部工作 10 年的我，感到年龄大了，而且早已超过国家规定的在一线担任领导职务的年龄，我便退居二线，到专家组工作。这样让年轻一些的同志早日到领导岗位担任起一线工作，我的自由度也要大些。

我感觉到自己身体尚好，而且心脏内科的一些工作仍需我参与，我便在退职后一直担任日常查房工作，参加党和国家领导人的重要保健工作。随着国家改革开放的深入和对外交往的加强，我日益感受到提高年青一代医务工作者的外语水平尤其重要，于是，我便发挥自己外语能力较强的优势，开设英语学习班，义务教授英语。一开始在三部内部，后来发展到全院，就这样一直坚持了十多年，既为年轻人创造了一个学习的条件，又让我结交了一批年轻朋友，自己的生活也感到更加充实。

自改革开放以来，我多次出访参观和参加一些学术会议。80 年代初，我曾赴美参加美国心脏病年会，在芝加哥与我的老同学 Dr.Miller 相逢，我们几十年没见面，彼此都十分高兴。老同学热情地邀请我到他家去做客，我们愉快地回忆年轻时在一起学习研究的生活情况，讨论目前心脏病学领域里的一些新的东西，仿佛又回到了从前。他极力挽留我在美多待一些时间，去会会从前的一些老同学老朋友，我只和我的老朋友李政道博士见过一面之后，就谢绝了他们的一番好意而按期回国。1987 年底，我应邀去香港参加香港两年一度的年会，我在香港的亲戚和朋友们也是极力挽留我多住一些日子，我还是按照院里的要求如期返回。我总觉得自己是总医院人，不管什么时候在什么地方都要有大局观念，要有一种精神支柱，要做对得起祖国对得起总医院的事。

退休返聘后，我感觉到可自己支配的时间更多了，于是便利用这几

《临床心电图学》书影

年的机会，抓紧修订《临床心电图学》第五版，因为随着心电图学的发展，以前发行的各版有些局限性，现在必须增加一些新的东西。我从一些学术材料上发现上海的庄亚纯同志对心电图学颇有研究，便主动去信与他联系，让他一起参与该书第五版的修订编写工作，他愉快地接受了这一任务。目前，第五版《临床心电图学》已出版发行，一些心电图学的同人在给我的信中这样说：“这是一本我国心电图学公认的领导专著……现在风行的种种无创性的电子技术、心电生理学、心脏起搏技术、心血管造影诊断技术、介入性心脏治疗技术等无不是以心电图学和心导管学为基础而衍生的。”我对第五版的出版发行，也感到尤为满意。

总之，在从医的路上我走过了半个多世纪，有成功的欢乐，更有经历“磨难”的心酸。医学是个极其神圣的事业，也是一个急需作出奉献的事业，更是一个需要高尚道德情操的事业。在我从医的生涯中，我永远忘不了培养我教育我的一位位恩师，感谢他们给了我良好的工作习惯、严谨的工作作风和求实多思的工作态度。我更要感谢总医院的各级领导和同志们对我的关心和厚爱。如果时光能倒流的话，我愿意再为总医院建设努力工作几十年，为建设“第一流的解放军总医院”而尽自己的一分力量。

（罗元生[1] 整理）

---

① 罗元生，中央军委联合参谋部参谋，曾任中国人民解放军总医院副处长、政治协理员。

人物

我的杂学

陈漱渝 *

引　言

这一组文章的总标题是从周作人那里“窃”来的，“窃”不算偷。《知堂回想录》第 197 节《拾遗（辛）》有个标题，就叫“我的杂学”。这是一种“关于读书的回忆”。《儒林外史》中的举人卫体善批评马二先生：“他终日讲的是杂学。”这里的“杂学”，指的是相对于“八股文”的“普通诗文”，也就是那些与科举考试无关的闲书。周作人回忆他的杂学，既有中外小说，也有神话学、文化人类学、生物学、性心理学、医学史、妖术史、宗教学……浩瀚无涯，令人叹为观止。

我所谓“杂学”其实很简单，是指我在鲁迅研究之外涉猎的学问。我在专门研究鲁迅的单位工作了整整 32 年，被人讥为“吃鲁迅饭”，所以鲁迅研究对于我个人而言是一种“正业”，其他研究在本职工作之外进行，是所谓副业，也是我的杂学。其中包括宋庆龄研究、丁玲研究、冰心研究、林语堂研究、许广平研究……也包括我的创作活动，如撰写怀人散

* 陈漱渝，第九、十届全国政协委员。北京鲁迅博物馆研究馆员，曾任中国鲁迅研究会副会长兼秘书长。

文。我将这些方面的研究体会汇集在一起，给自己留个纪念，也供有关同好参考。

皎如白雪的宋庆龄——我与宋庆龄研究

宋庆龄

宋庆龄被誉为20世纪中国最伟大的女性。她不仅作为孙中山的夫人，跟这位中国革命的先行者共同度过了“精诚无间同忧乐，笃爱有缘共死生”的峥嵘岁月，而且作为一位独立的政治家、妇女运动的领袖，她本人也为中国革命作出了独特贡献，建立了伟大功勋。为此，她荣任了中华人民共和国名誉主席。女作家丁玲在散文诗《诗人应该歌颂您——献给病中的宋庆龄同志》中说，白雪虽然清白飘洒，但也比不上宋庆龄皎洁晶莹。这就不仅肯定了宋庆龄辉煌的功绩，而且讴歌了这位女革命家完美的人格。

回首往事，我感到骄傲的是我不仅研究了宋庆龄，而且还得到了学术界的认可。2012 年 3 月，中国宋庆龄基金会成立了一个“研究委员会”，由唐闻生出任主任，中外委员共 24 人，我也忝列其中。

一个以鲁迅研究为职业的人，为什么会涉足宋庆龄研究界呢？这应该归功于历史学家吴晗提出的“滚雪球”的研究方法。“滚雪球”是一个比喻，指研究一个人物或事件，由此可以产生新的学术生长点，就像雪球可以越滚越大一样。我研究鲁迅，必然会涉及鲁迅后期参加的一些政治团体，如以营救中外革命者为主要宗旨的中国民权保障同盟，而这个同盟的负责人就是宋庆龄。于是我就自然而然从研究鲁迅与宋庆龄的战斗情谊扩展到研究宋庆龄的光辉一生。这既开阔了我的学术视野，也拓宽了我的学术园地。

1979 年，友人杨天石任职的中国社会科学院近代史研究所主编一套史料——《中华民国史资料丛稿》，其时他们正在编写中华民国史。出一套“资料丛稿”，正是为完成这一浩大学术工程夯实基础。蒙天石兄推荐，我也编了一本名为《中国民权保障同盟》的纯史料读物，被收进了这套“资料丛稿”当中。今天重读，当然会发现书中缺失了一些档案资料，不过这毕竟是研究这一政治团体的第一本读物，38 年前搜集资料的条件也远不如今天便捷。1984 年，我在这批资料的基础上，又写成了一本同名的政治历史读物，由北京出版社出版。有幸的是，在写作过程中，我得到了陈翰笙、丁玲、楼适夷、刘尊棋、谢树英、魏璐诗等当事人的帮助，为本书增添了一些第一手数据。民权保障同盟的执行委员胡愈之为本书题写了书名。同盟总干事杨杏佛烈士之子杨小佛为本书撰写了序言：“陈漱渝同志经过六年搜集、考证和核实了大量资料后写出的研究成果——《中国民权保障同盟》一书即将问世。我能够先读原稿而感到荣幸和欣慰……研究中国民权保障同盟的斗争活动必然要涉及许多近代人物。陈漱渝同志力图从历史唯物主义的立场出发，实事求是地阐述他们的活动和态度，然后，在

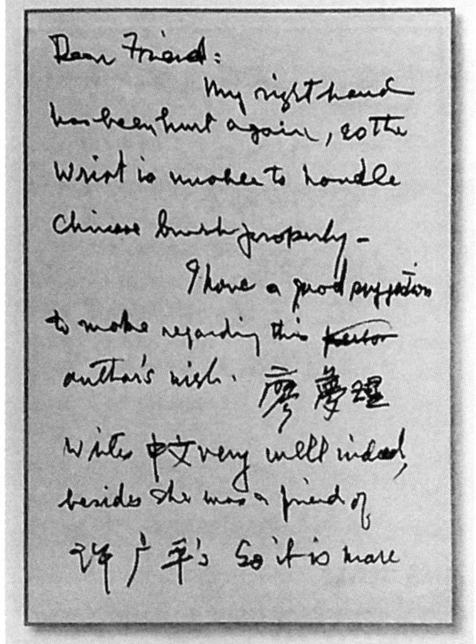
Dear Friend:
My right hand has been hurt again, so the wrist is unable to handle Chinese brush properly.
I have a good suggestion to make regarding this ~~factor~~ author's wish. 廖夢醒 writes 中文 very well indeed, besides she was a friend of 许广平's So it is more

宋庆龄致陈翰笙信，介绍廖梦醒为本文作者写的《许广平的一生》题写书名

较大的时空范围内，对他们作了比较全面的分析和评价。这部著作对历史人物和事件的论述是客观的、严谨的。同一切历史论著一样，它也将经受时间的考验。”

在研究与民权保障同盟相关的历史人物中，涉及得最多的自然是宋庆龄。但一开始我并没有为宋庆龄立传的条件和勇气，因为宋庆龄是国家领导人，她身边的工作人员都对她以“首长”相称，很多并不机密的事情当时都会视为“涉密”，轻易碰不得。比如她晚年收养的那两个女孩，当时就不便公开提及。而撰写人物传记，这正是展现一位女性丰富人性的生动素材。其次，宋庆龄一生活动过的地方很多，如要实地考察，也需要一笔费用，非工资微薄的我所能承担。所以，我一直把撰写宋庆龄的传记视为畏途。

然而机遇竟然主动送上了门。那是 1986 年初，经《人物》杂志主编苑兴华推荐，北方妇女儿童出版社副主编周航主动来到寒舍，约我写一部《宋庆龄传》。我陈述了完成这个任务的困难。周航当即豪爽地表示，写作这部书所需的差旅费该社可以实报实销。她看到我们家太寒酸，还当即预支稿费，拽着我到附近的商场买了一套黑色的猪皮沙发。这位北方大姐豪爽的举止当中隐含了对我的完全信任，我无法三番五次推脱，便底气不足地答应了下来。

那年夏天，我乘机飞到了海口，到宋庆龄的祖籍地进行考察。那时的海南还叫“行政公署”，正值改革开放的初期，勃勃生机中也有乱象。记忆深刻的有两项：一是出现了“三陪”现象，被舆论讥为“黄色娘子军”下海南。二是破获了一个特大汽车走私案，很多进口小汽车被冻结在停车场，任日晒雨淋，成了一道特殊景观。没想到的是，我飞抵海口当天，《海南日报》头版右下端发了一则消息，题为《为了崇高的使命》，报道我此行的目的，是为了替祖籍海南的宋庆龄立传。政府部门还提供了一辆丰田牌的小汽车，送我到文昌去参观宋庆龄的祖居。可惜一路坎坷，那丰

宋庆龄祖居

田轿车跑不动，只好临时换了一辆底盘较高的军用吉普。

文昌现在相当现代化了，宋庆龄祖居也早已“旧貌换新颜”，但我去的时候还非常落后。县政府招待所当时只有一间房安装了空调，特意提供给了我这个“为了崇高的使命”的贵宾使用。但半夜时我浑身淌汗，从梦中热醒，原来当晚停电，那安装空调的房间门窗紧闭，反成为蒸桑拿的小木屋。招待所的负责人为了表达歉意，第二天上午 10 点特意派人爬上椰树，摘下几个椰子，让我品尝到了新鲜椰汁的清醇甘美。

宋庆龄的祖居在文昌县的牛路园林，周边都是“拉屎都长不出草”的暗红色的沙地。破败的祖居只有两间正屋，一间厢房，四根房梁，让我切身感受到了宋庆龄的长辈冒着生命危险漂洋过海的真实原因：贫穷。幸运的是，这次考察时我遇到了宋庆龄的堂弟韩裕丰老人，还有一位研究宋庆龄家史的当地学者，名字似乎叫韩拱丰。他们都给我提供了一些新鲜的家史材料。所以我写的《宋庆龄传》第一章就叫《韩家故里》，考证了“宋庆龄原姓韩不姓宋”的史实，使这部传记一开头就让读者感到颇有新意。这次海南之行，我没有借机旅游，的确全身心投入工作，真正做到了“为了崇高的使命”。

继海南之行后我又去了上海，到上海档案馆查阅资料，虽然那里的工作人员极其热情负责，但收获不多。听说上海宋庆龄故居、中国福利会和中共一大会址也有宋庆龄的资料，但怕碰钉子，没敢去，上海之行的主要收获是采访了宋庆龄身边的一些工作人员，如中国福利会的陈维博，担任过宋庆龄秘书的张珏和刘一庸。他们都根据自己的亲闻亲历讲述了一些情况。印象最深的是刘秘书说，宋庆龄曾跟她谈到跟孙中山恋爱的细节：并不是她主动追求孙中山，而是有一次她陪孙中山散步时，孙中山先跪下了半条腿。我认为刘秘书讲得比较符合常理：因为世间只有藤缠树，少有树缠藤。张珏还提到她有一部担任宋庆龄秘书期间的工作日记，保存在北京宋庆龄故居，建议我请示领导后去查阅。结果我如愿以偿，查到了 1970 年 10 月 2 日宋庆龄宴请美国记者埃德加·斯诺的一份菜单：除有北京烤鸭之外，还有糖醋鳜鱼、青椒核桃炒鸡丁等，后来我写进传里，增添了一些生活气息。

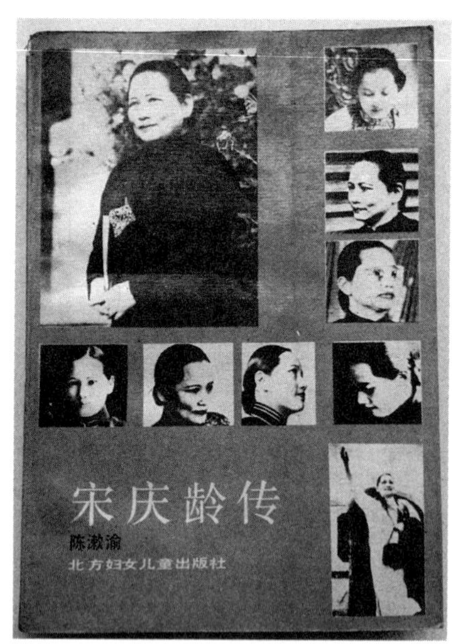

《宋庆龄传》初版书影

经过一年多的写作，1988 年 12 月，我的《宋庆龄传》终于由北方妇女儿童出版社出版，以当年的印刷水平，质量属中等，印数是一万零一百。周航大约给我寄了十几册样书，我很快就送完了，想再买一些。答复是一出版就卖完了，已经断了货。后来周航发生家庭变故，侨居国外，至今未取得联系，但我一直感念这位大气的女出版家。

我不知道迄今为止有关宋庆龄的传记出了多少种。我不会妄自尊大，也不必妄自菲薄。我自认为在宋庆龄的众多传记中，拙著出版较早，有些特色。除率先比较系统地介绍了宋庆龄的家史之外，还提供了一些其他新鲜史料，比如孙中山在日本避难时期日本警视厅的监视记录，宋庆龄侨居德国期间跟邓演达的交往……关于民权保障同盟和保卫中国同盟的数据，我提供的也相对完整准确，是独立研究的成果。特别是宋庆龄在“文化大革命”中的真实处境，我综合披露了很多有关知情人的口述史料，这在当时的确也让读者耳目一新。由于我是学中文出身，书中的文字也比一般搞史学的人写得活泼。不过也有个别细节引起了异议。比如1975年纪念长征胜利40周年时，宋庆龄曾带领身边的警卫连战士观看话剧《万水千山》，我把这件事说成是宋庆龄支持邓小平复出整顿军队。有人认为这种说法过于牵强，其实内情极其简单，就是因为她收养的女孩当时在戏里扮演了一个跑龙套的角色。总的来说，我这本《宋庆龄传》在史学界口碑颇佳。日本宋庆龄研究专家久保田博子还主动写了书评予以推荐。

没想到的是，2011年，也就是时隔23年之后，我的《宋庆龄传》又有了在人民日报出版社再版的机会。我趁机订正了一些错讹，增写了若干条注释，删去了一些自认为时过境迁的内容。特别重要的是，增收了新写的八篇文章，作为全书的附录。这批文章展示了我在《宋庆龄传》出版之后取得的一些新成果，涉及宋庆龄的政治生活、家庭生活和人际关系的方方面面，材料多采自近期陆续披露的宋庆龄信函，内容既真实又生动。

这些附录中，有两篇是为宋庆龄辩诬的文字，值得读者重视。在中国，有一个毁人声誉的捣鬼妙招，那就是泼洒脏水，制造绯闻。皎如白雪的宋庆龄一生中就多次受到过这类流言的伤害。制造绯闻，成了半个多世纪以来政敌迫害宋庆龄的一种惯用伎俩。在制造绯闻的背后，往往包含有一种不可告人的政治动机。比如孙中山去世之后，就传出了宋庆龄与苏联顾问鲍罗廷的绯闻。为此，国民党中央政治委员会特致函宋庆龄表示慰问。信中说：“彼反革命者，见同志能坚决履行总理遗志，以促国民革命之进步，彼于畏惧之余，计无所出，遂不恤为此人头畜鸣之伎俩。”蒋介石发动“四一二”反革命政变之后，宋庆龄一度流亡苏联和德国。跟她同时流亡海外的还有武汉国民政府军事委员会总政治部主任邓演达、武汉国民政府外交部长陈友仁。于是中外右翼政客又制造她跟邓演达和陈友仁的绯闻，力图冲淡宋庆龄跟蒋介石决裂的政治意义。这种绯闻使宋庆龄身心受到严重伤害，以致带状疱疹发作，缠绵于病榻三个星期。1947 年 10 月 9 日，美国记者德鲁·皮尔逊又制造了宋庆龄跟美国上尉杰拉德·谭宁邦的绯闻。其实谭宁邦只不过是宋庆龄领导的中国福利会的工作人员，他的妻子是中国人陈元琪。宋庆龄看到这则八卦新闻，即于 1947 年 10 月 10 日通过美联社发表声明：“德鲁·皮尔逊关于我的说法是一种恶意的诽谤，毫无事实根据，他的荒谬同他的恶意可以等量齐观。我相信，皮尔逊先生将有足够的公允之心，全面地公开撤销这一不实之词。”事实证明，这条绯闻出笼的背景，是宋庆龄当时响应中国共产党关于建立联合政府的政治主张，反对国民党发动内战以及美国政府在军事上援助蒋介石政权。

新中国成立后，作为中国共产党的忠实朋友，宋庆龄受到的人身攻击仍时有出现。直到“文化大革命”期间，“四人帮”为了迫害陈毅元帅，居然说担任上海市长期间陈毅常常一个人到宋庆龄的上海寓所来。1977 年 4 月 25 日，宋庆龄在致爱泼斯坦的信中写道：“我从来没有在家里接见过陈毅，只有一次他同柯老（指柯庆施）一同来我家，因为有一位新四军军官曾来要求我把我的房子腾空，他们要用，如下午 4 时前不腾，他会派兵士来搬走我的东西——他们是来为这事向我道歉的。那时我听了那个军官的话，就请一个朋友向柯老申诉，柯老同陈毅商量后就一道来道歉。陈毅第二次来看望我是同他的夫人一道来饮茶。”宋庆龄在这封信中还解释了陈毅对她怀有感激之情的原因，是抗日战争时期她曾捐赠新四军现款和药品。

宋庆龄给老友爱泼斯坦写这封信时，已是 84 岁的老人。她回忆陈毅和柯庆施到她的上海寓所拜访，也是 28 年前的旧事。我重读宋庆龄这封信函，禁不住一阵阵感到心酸。中国有句古语，叫“清者自清，浊者自浊”。宋庆龄虽然受过完整的西方教育，但对中国的传统伦理道德依然十分看重，对于女性名节依然十分看重，所以才会在信中不厌其烦地解释她跟陈毅的关系，而没有对这种无稽之谈一笑置之。可见，人们常看到宋庆龄光辉耀眼的一面，而看不到她生活和事业背后的曲折艰辛。

流传得最广的是宋庆龄跟她的警卫秘书隋学芳之间的绯闻，主要原因是宋庆龄一度担任了隋秘书两个女儿的监护人：大的叫隋永清，英文名叫优兰达；小的叫隋永洁，英文名叫珍妮特。领养的原因，一是因为隋秘书患中风症，子女又多，宋庆龄这样做是为了减轻他的经济负担。另一个重要原因是宋庆龄在 1922 年 6 月的陈炯明兵变中不幸流产，从此再无子嗣。为了聊慰晚年的寂寞，收养两个小女孩也是生活中的一件快事。不料，台湾女作家平路竟根据道听途说，写出了一部以宋庆龄生平为素材的小说《行道天涯》，用大量笔墨渲染已经步入老境的宋庆龄的性心理。对于这种做法我不能表示沉默，便写了一篇《触犯禁忌与亵渎崇高》，对平路的小说提出了质疑，进行了批评。这篇文章跟《质本洁来还洁去——澄清关于宋庆龄的种种绯闻》一起，作为附录收入了《宋庆龄传》再版本当中。

近些年来，宋庆龄研究取得了长足的进展。如出版了爱泼斯坦的《宋庆龄传》、盛永华的《宋庆龄年谱》，还公开了一批宋庆龄的私人信札，如《宋庆龄来往书信选集》等。宋庆龄秘书张珏曾斩钉截铁地告诉我，宋庆龄临终前还留下了一些日记。我期待着宋庆龄研究资料的日趋丰富，期待着更新的宋庆龄研究成果源源问世。

燃烧自己的心，点燃读者的心——我与巴金研究

巴金创作《激流三部曲》(《家》《春》《秋》) 是在 27 岁前后，我阅读这些作品是在 17 岁前后。我不仅读过这些小说，而且看过香港和内地

巴金

根据同名小说改编的电影。时隔半个多世纪，吴楚帆和孙道临扮演的大哥觉新，张瑞芳扮演的大嫂瑞钰，王丹凤扮演的丫头鸣凤，张辉扮演的三弟觉慧……仍然形象逼真地浮现在我的眼前，拂之不去。后来有学者告诉我，在中国现代出版史上，像《家》这样版次多、印数大的小说，可以说是凤毛麟角。这是一本控诉旧社会的书，一本控诉旧的家族制度的书。巴金是在用自己的血和泪写作，燃烧自己的心，点燃读者的心。所以，前些年有人刻意渲染“黄金民国”的时候，我始终保持了清醒的头脑，用巴金的作品提醒自己：“当下社会矛盾固然错综复杂，但旧中国就真的那么美好吗？”

像巴金这样高大上的作家，能不能有机会亲炙其教诲，一睹其风采呢？在我的青少年时期，这是连想都不敢想的事情。然而，1977 年初夏，36 岁的我终于美梦成真了。

机缘是那时我已调进了鲁迅博物馆增设的鲁迅研究室，参与《鲁迅研究资料》的编辑工作。通过黄源先生的介绍，我跟同事荣太之一起，到上海武康路拜访了巴金，交谈的主要内容是询问在“两个口号论争”的过程中，他是如何起草《中国文艺工作者宣言》的。因为鲁迅、巴金等人拒绝加入“国防文学”倡导者组织的“文艺家协会”，但又要表明救亡图存、争取民族解放的鲜明立场，便由巴金、黎烈文分头起草，鲁迅审定，发表了这份《中国文艺工作者宣言》。巴金当时的态度是，要听鲁迅的话，鲁迅赞成什么，自己就赞成什么。与此同时，鲁迅也公开赞扬“巴金是一个有热情的有进步思想的作家，在屈指可数的好作家之列的作家”，“虽然还不能称为至交，但已可以说是朋友”。由于我们来自新成立的全国唯一的鲁迅研究机构，又有黄源先生作为中介，巴金接待我们是很热情的。记得他除了在客厅请我们喝茶之外，还特邀我们去参观二楼的书房，这书房被“四人帮”查封了十年，1977 年 4 月 22 日下午才启封。在巴金看来，启封这间书房，就是搬走了压在他头上的那块大石头，欣喜之情自然溢于言表。不过谈起发生于 1935 年至 1936 年的“两个口号论争”，巴金仍然十分拘谨。当年他并没有撰写论争文章，直到徐懋庸给鲁迅写信，以“中国的安那其”为罪名攻击他“卑劣”之后，巴金才被迫写出了《一篇真实的小说》和《答徐懋庸并谈西班牙的联合战线》两文进行反驳。他说：“徐懋庸要攻击我，尽可以用我的许多弱点来打击，我决不敢维护自己的短处。但像他现在这样把‘法西两国安那其’的行动要我来负责，并且要我来代表‘中国的安那其’，就未免使人疑心，他的脑筋是否健全的了。”

那年从上海回到北京后，我立即把巴金的谈话整理成文，但还没有来得及请巴金审阅，七八月间他就给我们写了一封信，重复那天谈话的要点。他之所以这么做，显然是担心我们记录得不够准确全面。为了慎重，我又将谈话记录和这封来函合并为一篇短文，题为《〈中国文艺工作者宣言〉及其他》，再次请他审定，并询问他是否同意发表。巴老欣然同意。不料 1978 年 6 月中旬，巴金又来一函，要求在此文发表之前再度审改。6 月底，我们又将第二次的整理稿寄给巴金。可能是他尚未收到此信，有点着急，便在同年 6 月 30 日致黄源信，请黄源从中催促。信中写道：“我半月前给鲁迅研究室陈漱渝写过一封信，要他把去年七八月我给他和荣太之两个写的一封回信（后来他们得到我的同意改成一篇短文）在发表之前寄回给我看看，至今未得答复。说实话，我不愿给拖进‘三十年代口号之争’里面。”黄源立即来函转达了巴金的意思，但隐去了巴金信中最关键的一句：“我不愿给拖进‘三十年代口号之争’里面。”同年 7 月 17 日，巴金对此文作了最终审订，几经周折，直到 1981 年 5 月才发表在《鲁迅研究资料》第 8 期。

像巴金这种下笔不能自休的大作家，一篇一两千字的短文，为什么会三翻四覆地斟酌呢？我最初的想法是，那个年代刚粉碎“四人帮”，政治气候乍暖还寒，刚落实政策不久的巴金心有余悸，故行文谨小慎微。如今才彻底悟到，其根本原因是巴金不愿意被拖进“三十年代口号之争”里面！

所谓“三十年代口号之争”，即周扬率先提出的“国防文学”口号和胡风最先提出的“民族革命战争的大众文学”口号之争。周扬一方开始并不知道，胡风发布新口号事前跟冯雪峰、鲁迅商议过并征求过茅盾的意见。现在看得很清楚，这两个口号都是呼吁文艺界团结抗日的口号，只不过一个先提，一个后提。在“十年浩劫”中，当年革命文坛内部的这一论争被定性为两条路线之争，“国防文学”的倡导者和追随者都被视为犯了路线错误而遭到迫害。而提出“正确”口号的胡风仍以“反革命罪”在四川坐牢，冯雪峰仍被开除党籍在湖北干校放鸭子。在一个历史大转折关头，左联内部对如何建立抗日民族统一战线有些不同看法，这是再正常不过的事情。如果当年没有“周扬派”与“胡风派”的纷争，如果“国防文学”倡导者对鲁迅持尊重的态度，事态也决不会发展到剑拔弩张的程度。当年左翼文艺营垒的宗派主义，一直延续到中华人民共和国成立之后。所以对巴金不愿被拖进“三十年代口号之争”的正确解读，是巴金一直想保持作家的独立性，不愿卷进文艺界的宗派之争！

我见到巴金的 32 年之后，居然又有了参加巴金学术研讨会的机遇。记得是 2008 年 8 月，我在烟台参加第三届冰心国际学术研讨会，初见上海巴金纪念馆的常务副馆长周立民，他表示欢迎我也参加巴金的学术研讨活动。我为人处世有一条原则：自己的承诺一定要兑现，别人的许诺则姑妄听之，切勿认真。然而周馆长也跟我一样认真，言而有信，于是 2009 年 11 月 23 日下午，我就住进了上海淮海中路的南鹰酒店，参加当年 11

月 24 日至 12 月 2 日召开的“纪念巴金诞辰 105 年暨第九届巴金国际学术研讨会”，提交的论文就是《我不愿拖进“三十年代口号论争”里面——对巴金一封信的阐释》。

我在论文中谈到，“国防文学”口号提出之初，倡导者们就在口头上强调“一定要除去一切狭隘的宗派思想和意气”。然而，既然“民族革命战争的大众文学”也是一个抗日救亡的口号，那为什么却不允许这个口号的提出者“标新立异”呢？我以为，巴金不愿被拖进口号论争中去，体现的是不搞宗派的博大胸襟。这正是巴金人格的闪光之处。

2011 年 11 月 30 日至 12 月 2 日，上海巴金故居正式对外开放，第十届巴金国际学术研讨会同时召开。我应邀参加并发言，题为《读巴金〈随想录〉的随想》。我首先对巴金作品中“神”“兽”“人”的概念作了界定，接着论述了巴金《随想录》跟鲁索、赫尔岑和鲁迅之间的精神联系。最后根据我在“文革”期间的生命体验来谈巴金《随想录》的现实意义，并引用了鲁迅的名言：“多有不自满的人的种族，永远前进，永远有

巴金故居内景

希望。多有只知责人而不知反省的人的种族，祸哉祸哉!”(《热风·随感录·六十一》)

巴金的《随想录》自发表以来，评论界的看法一直见仁见智：一些人认为这本书缺乏正能量；另一些人则认为这本书敢讲真话，是中国现代散文的高峰，其成就逾越了鲁迅后期杂文。对此，我发表了一些浅见。

我认为，巴金《随想录》跟鲁迅杂文的相似之处，一是反对一切形式的封建主义流毒；二是对民众的“集体平庸”进行了揭露与批判。巴金明确指出，“四人帮”贩卖的全是封建主义的土产，而“集体平庸”则是封建主义土壤上开出的曼陀罗花。不过，《随想录》中缺少鲁迅后期杂文中那一类深挖旧文化积弊的文章，而呈现出更多的自省精神。《随想录》是时过境迁、余痛尚存情况下的“反思”型作品，而鲁迅后期杂文则是直面刀丛剑树的“外攻”型作品，不能用同一标尺衡量不同历史境遇中的作品。

2014 年 10 月，正值巴金诞生 110 周年，巴金研究会举办第十一届巴金国际研讨会，我也收到了东道主的请柬。我正为写什么论文而犯愁时，一本书突然出现在我眼前，书名叫《巴金书简——致王仰晨》，而且是王仰晨的签名赠书，题有“漱渝兄存念，王仰晨，九九·九·北京”的字样。王仰晨是一位老同志，人民文学出版社鲁迅著作编辑室主任。他 20 世纪 40 年代即跟巴金相识，是巴金极其信任的人，1961 年曾接管《巴金全集》10 卷本的编辑工作，新时期又主持《巴金全集》26 卷本的编辑工作。这本书的珍贵之处，就是所收的 392 通书信，除 29 篇“代跋”之外，其他均未收入新编《巴金全集》，是研究巴金的第一手资料。于是我据此撰写了一篇论文提交会议，题为《展露巴金心灵的一扇窗——谈〈巴金书简——致王仰晨〉》。

在这篇文章中，我提供了一些一般读者和研究者不熟悉的情况，比如，巴金说，18 岁时他在成都《半月》刊上发表的三篇文章都是东拼西凑之作。此外，《利娜》和《哑了的三弦琴》都是改写之作，不能等同于创作。其实，鲁迅早期作品中也有类似状况。另外，巴金出于对自己的严格要求，认为自己的失败之作多于成功之作。但这些不算成功的作品（如《爱情三部曲》《死去的太阳》《雪》），乃至于中华人民共和国成立后那些充满豪言壮语的文章，也都不乏真诚。

谈到编辑全集，学者、编辑和作家往往有各不相同的看法，作家之间可能也有不同看法。史料学者往往注重作品初刊的原始形态，力图保持原有的历史痕迹。但巴金出于对读者负责，习惯于不断修饰润色自己的文字，一本《家》他就先后修改了八次。他认为这是作家的权利，也是义务，所以不赞成所谓“初版本策略”。史料研究者特别重视钩稽作家佚文，每发现一篇佚文就像发现一颗行星似的欢喜，但巴金认为不少佚文其实是“垃圾”，即使是“全集”也不必求“全”。至于装帧，巴金主张典雅朴素；对于注释，巴金主张力求简明，尤其不应注释那些揭人伤疤的事情。巴金的这些想法，王仰晨都尽量贯彻在新版《巴金全集》的编辑工作当中。

我除开提供了上述新的数据，还通过这部书简阐释了巴金的“理想主义”——这也是此次会议的总主题。我的体会是：巴金心目中的“理想”跟我们惯常所说的“革命”不是一个概念。巴金说，他的一生充满矛盾。他的政治理想比较朦胧，而道德理想则十分明晰。他并不空谈理想，既不用理想装扮自己，也不用理想强加别人。他的道德特征就是为国家、为民族、为社会，而从不为个人。他早年从政府主义思潮中摄取的也就是道德伦理：一、人们应该休戚相关，互相帮助；二、社会应该公平正义，这同时也是人际关系的准则；三、个人应该自我牺牲，自我奉献。这种理想，应该就是一种超越时代的“理想主义”。

在这次会议上，我动情地朗读了 1993 年 7 月 25 日巴金致王仰晨信中的一段话：“我不是文学家，但几十年来陷身文坛我也并不后悔。当初发表文章，我不曾想过自己身上有什么可以出卖的东西，要用它们来换取青云之路。回顾几十年的创作生活，可以说我并没有拿作品做过什么生意，也不曾靠写作发财，现在走到了生命的尽头，我可以挺起胸膛把心掏给读者。我的心从来不是可以讨价还价的商品。我奉献的是感情。对我的国家和人民我有无限的爱，我的笔表达了这种感情。我的感情是有生命的，它要长期存在。我引以为骄傲的正是我未写出一件商品，因此也未出卖过自己。”我想，巴金的心，也就是当代中国的良心。

2016 年夏，第十二届巴金国际学术研讨会在石家庄举行。由于当年正值鲁迅逝世 80 周年，学术活动频繁，时间发生冲突，我未能参加。何时能再与巴金研究结缘呢？我期待着！

扑火的灯蛾——我与丁玲研究

不是故作谦虚，我对丁玲确无研究，但缘分不浅。

初次接触丁玲作品是 20 世纪 50 年代初，我刚上中学，家里不知怎么会冒出一本旧平装书，书名似乎是《解放区作品选》，纸张发黄，装帧简陋，但有一篇叫《三日杂记》的散文扑入了我的眼帘，让我一口气读了下去：

> 也许你会以为我在扯谎，我告诉你我是在一条九曲十八弯的寂静的山沟里行走。遍开的丁香，成团成片地挂在两边陡峻的山崖上，把崖石染成了淡淡的紫色。狼牙刺该是使刨梢的人感到头痛的吧，但它刚吐出嫩绿的叶，毫无拘束地伸着它的有刺的枝条，泰然地盘踞在路的两边，虽不高大，却充满了守护这山林的气概。我听到有不知名的小鸟在林子里叫唤，我看见有野兔跳跃，我猜想在那看不到边的、黑洞洞的、深邃的林子里，该不知藏有多少种会使我吃惊的野兽，但我们的行程是神奇而愉快的。

我当年为什么会对《三日杂记》情有独钟呢？那就是作者用新的语言把读者带进了一个新的世界，让他们结识了在《子夜》《激流三部曲》等现代文学名著中未曾出现过的新人物。这些人身板结实，眉眼开朗，浑身泥土气，在五月之夜唱着《信天游》《走西口》《五更调》《戏莺莺》。时至今日，他们那响彻云霄的歌声，似乎还萦绕在我的耳畔，去麻塔村途中那遍山满开的丁香似乎仍旧芬芳扑鼻……直到前年，丁玲 1943 年日记首次披露，我才知道那年延安中央党校审干，丁玲成为重点审查对象，她如惊弓之鸟，在被逼无奈的情况下居然承认自己是复兴社的特务，直到 1944 年 2 月纠偏，丁玲所谓“特务”问题才得以澄清。了解到这一特殊背景，读者才会理解 1944 年 6 月丁玲到麻塔村采风时的心情为什么会如此欢快，步履为什么会如此矫健。丁玲曾向我抱怨，说研究中国现代文学的人只把她视为小说家，不把她当散文家。然而，在中国现代散文史上，像《三日杂记》这样的散文其实并不多见。

后来上了大学中文系，我才知道丁玲的成名之作是《莎菲女士的日记》，获奖之作是《太阳照在桑干河上》，晚年重返文坛的亮相之作是《杜晚香》。但是，《莎菲女士的日记》虽然表现了主人公心理的矛盾，灵魂的裂变，对灵与肉的融合统一的追求，从而为中国现代女性文学奠基，但以我当时的年龄和阅历，对于那个时代叛逆女性的苦闷与要求实在隔膜得很，至今也缺乏共鸣。

《太阳照在桑干河上》书影

《太阳照在桑干河上》使丁玲赢得了国际声誉，也提升了她在中国现代文坛的地位，不幸的是“木秀于林，风必摧之；堆出于岸，流必湍之；行高于人，众必非之。”这部长篇虽然给丁玲带来了光环，但随之也给她带来了厄运。由于这是一部政治性、政策性极强的小说，在价值观多元乃至撕裂的当下自然会评价不一，但其历史文献价值和认识意义应该是无法否认的。不过我并没有通读这部丁玲的巅峰之作，只接触过曾经选入中学教材的一章:《果树园闹腾起来了》。作家观察的细微，描写的逼真，人物形象的鲜活，使我懂得了什么叫作“文学”。由此书引发的回忆还有一件事，那就是陈明曾带我去张家口市涿鹿县温泉屯捐过一批书。那里在桑干河畔，是丁玲当年体验生活的地方，有一个小图书馆。最近才听说，“桑干”二字既与桑葚无关，也跟桑弘羊和干宝之死无关，而是译自鲜卑语和与之同源的满语，意思是“白色”。桑干河原是一条白色的河。

丁玲新时期复出的亮相之作是《杜晚香》。那是一个拨乱反正的时代，也是一个乍暖还寒的时代。长期搁笔的丁玲当时可写的题材其实很多。她之所以选择北大荒垦区的劳模邓婉荣作为人物原型，除开她稔熟北大荒的生活而且这篇小说又酝酿了十二年之外，我以为还有一个不可忽视的原因，就是她觉得写生产模范和先进人物既接地气而又比较稳妥。须知，当时的丁玲尚未完全落实政策，她在文坛的宿敌仍然死抓住她的所谓历史问题不放，如果此时在政治上出任何纰漏，必然会导致始料不及的后果。我以为，在“战战兢兢，如临深渊，如履薄冰”的心态下，是写不出天马行空式的作品的。所以，在我看来，丁玲晚年那些反思历史的文字（如《风雪人间》)，其历史价值肯定会超过《杜晚香》。

我对丁玲的作品接触如此之少，而且又的确缺乏研究，那为什么会参加丁玲研究会的活动，并且还任了中国丁玲研究会的副会长呢？坦诚地说，这完全是由于丁玲夫妇的偏爱。丁玲是 1979 年 1 月 12 日从山西长治市的农村返回北京的，其时已经 75 岁，但仅仅摘去了右派的帽子，而所谓历史问题的平反尚存很大阻力，周扬一直坚持丁玲历史上“无疑点有污

晚年的丁玲

点”的观点。当时北京有三个跟鲁迅研究和鲁迅著作出版关系密切的机构。一个是我所在的鲁迅博物馆鲁迅研究室，李何林担任馆长兼主任。由于位于北京西城阜成门，被圈内人士称为“西鲁”。另一个是随后成立的中国社会科学院文学所鲁迅研究室，所长是陈荒煤。位于北京东城的建国门，被称为“东鲁”。还有位于朝阳门内的人民文学出版社鲁迅著作编辑室，位置适中，被称为“中鲁”。李何林是坚持维护鲁迅和冯雪峰的，重新评价 20 世纪 30 年代发生的“两个口号”论争时，认为鲁迅提出的“民族革命战争的大众文学”完全正确，而周扬率先提出的“国防文学”口号忽左忽右，有路线性错误。陈荒煤则站在周扬一方，在文学所的刊物《文学评论》上发表夏衍的长文，重申 1957 年反右运动中批判冯雪峰的那些观点，双方论争激烈，乃至惊动了中宣部和陈云同志。当我第一次拜访丁玲时，她问我在哪个单位工作。我说是在“西鲁”，双方立即拉近了距离。后来陈明同志在一次文艺座谈会上听了我的发言，更增加了对我的好感，希望我协助他做延安文艺学会的工作。我说参加这个学会的有很多老同志，甚至是文艺界的领导，我不熟悉那段历史，又是非党人士，不适合参加。大约是 1996 年，严家炎教授因年事已高，坚辞丁玲研究会会长之职。经严教授和陈明联袂推荐，我出席了当年 7 月在山西长治召开的第七次丁玲国际学术研讨会，并被选为副会长；直至 2014 年 10 月，改任名誉副会长。所以，我参加中国丁玲研究会的活动，至今已有 20 多年。

我那次到长治市开会，记得是先跟陈明同坐飞机去太原，山西省作协党组书记焦祖尧提供了一辆奥迪小轿车，送我们去长治市。那时奥迪在山西尚属稀罕物，仅省委省政府有几辆，所以行驶在长途公路上风光无限。因为车尾挂的是省府的车牌，所以每到一收费站只见有人行礼，从未有人收费。由于缺乏学术准备，我未能提交像样的论文。会上听到上海林伟民教授发言，是从女性文学角度评价丁玲，我便即兴发表了一些异议，认为丁玲虽有女性意识、自主自强意识，但不宜沿袭西方的概念，径称丁玲为女性主义者，因为女性主义是男权中心的对立物，容易导致性偏执的倾向。记得丁玲本人说过，她卖文，不卖“女”字。后来严家炎先生作总结，说我讲的有一定道理，林教授讲的也有他的道理。

第八次丁玲国际研讨会是在延安召开的，那时我尚未退休，估计是跟其他活动时间冲突，未能参加。但 2004 年、2007 年、2009 年、2014 年的丁玲国际学术研讨会我都参加了，而且每次都写了发言稿。其后还参加了常德丁玲纪念馆陈列方案的审定和丁玲公园雕像的审定，也算是我为弘扬丁玲业绩所尽的绵薄之力。

我在这些会上的发言反映都还好。日本有四位女汉学家，从 1993 年开始就坚持参加丁玲国际研讨会，她们是日本早稻田大学的教授田畑佐和子、东京学艺大学教授前山加奈子、菲利斯女子大学教授江上幸子，还有一位已故教授秋山洋子，是神奈川大学教授。她们戏称为“四人帮”，每次参会之后都会对论文进行讨论评议。田畑教授在《丁玲学术研讨会参加记》一文中写道：“第 11 次学会于 2009 年 12 月在福建厦门举行……在这次会上给我们以很大影响的是陈漱渝先生所介绍的《萧军日记》，我们原以为丁玲一直在批判萧军，可这次我们才知道她在延安的一段时期曾与萧军有亲密交往，并向他吐露过心中的苦闷。读了《萧军日记》觉得有趣之处不仅是与丁玲有关的部分。于是我们四个人开始依次轮流边做笔记边进行阅读，实际上至今还没有读完。第 12 次学会于 2014 年 10 月在湖南常德举行。此次学会上所发表的论文中最突出的长篇力作是陈漱渝先生的《有关丁玲的苦难叙事——1957 年批判丁玲反党集团纪实》。正如这一副标题所示，文中回顾了丁玲被打成右派的苦难经历，对那场斗争的前前后后做了详尽的叙述。陈漱渝先生之所以将半个世纪以前所发生的那场可怕的冤案的经历详细地做了叙述，是想提醒人们不要忘记这一事件的经过，使历史不再重演。”国内外丁玲研究专家对我研究丁玲习作的肯定，使我备受鼓舞。于是，我将这些有关丁玲的文字集成《扑火的灯蛾》一书，交香港中华书局出繁体字版，北方文艺出版社出简体字版。书内还收有我谈丁玲跟沈从文关系的文章，虽未在会议上宣读，但都披露了一些第一手史料，可供参考。

2017 年 3 月下旬，我从北京直飞常德，出席了第 13 次丁玲国际研讨会。这次会上选出了丁玲研究会第七届理事会的领导机构，我任总监票人，并继续被推选为学会名誉副会长。我在学术研讨会上作了主题发言，题为《飞蛾扑火：丁玲的情感生活——以丁玲和冯雪峰为中心》。

我在会上说，在丁玲的情感生活中，应该提及的男性有五位，即瞿秋白、胡也频、冯雪峰、冯达、陈明。她的表哥余伯强不能算，因为那是包办婚姻，后来解除了。彭德怀也不能算，因为双方并无实质性的交往，只不过相互敬重，又有人想从中撮合而已。

瞿秋白是第一个进入丁玲心扉的男性。他的出现对于丁玲的主要意义在文学启蒙，因为瞿秋白除发现了丁玲的创作禀赋之外，还给她灌输了新的文学观念。了解到瞿秋白跟王剑虹、丁玲之间的情感纠葛之后，再重读丁玲早期作品《韦护》就会有一种新的理解。长期以来，中国现代文学研究界都认定“韦护”的原型是瞿秋白，而作品中的“丽嘉”原型是瞿秋白的亡妻王剑虹。而现在可以断定，“丽嘉”这个人物的创作素材其实有的是取自丁玲本人，比如小酒窝，大眼睛，投考电影公司……至于恋爱中的若干细节，有的也很难择清。我的结论是：丽嘉这个人物是杂取种种人再加以典型化的，这些人中既有王剑虹，也有丁玲，还有那个时代在苦闷中挣扎徘徊而仍追求光明的进步女性。

瞿秋白

冯雪峰

丁玲心目中的理想爱人是那种无论在政治上抑或在创作上都能引领自己的人。胡也频虽然纯洁而真实，但并不符合丁玲的择偶理想，彼此更像是两小无猜的朋友，所以冯雪峰这匹黑马一旦杀出，丁玲爱情的岩浆就火山般地喷发出来，无法自已，以致写出了《不算情书》这种惊世骇俗的文字。冯雪峰是泥腿子出身，没有瞿秋白浪漫，也没有胡也频热烈。他不会跟女性聊天（当今网络语言叫“撩妹”），甚至当着丁玲的面说莎菲的那种情感“要不得”。丁玲在南京被软禁三年脱险之后见到雪峰，本想号啕大哭，尽情倾诉，没想到反被雪峰打断。雪峰冷峻地告诫她：“你怎么感到只有你一个人在那里受罪？你应该想到：有许多许多人都同你一样在受罪；整个革命在这几年里也同你一道，一样受着罪咧。”然而，正是冯雪峰这种政治上的原则性和坚定性，不但促进了丁玲精神境界的提升，使她在创作上摆脱了“革命加恋爱”的模式，而且也促使了胡也频创作上的转向。雪峰毕生信奉共产主义，丁玲此后也成了为追求理想非死不止的扑火灯蛾。

冯雪峰在爱情生活中拘谨而自律。他不愿意在妻子何爱玉面前成为一个感情出轨的人。在胡也频牺牲之后，雪峰介绍冯达照顾丁玲的生活，然而好心办了坏事。1933 年 5 月，冯达被国民党特务秘密绑架，他原以为丁玲会按预先约定的时间转移，便供出了住址（这是他跟丁玲一年多的同居处，也是党的秘密联络点），结果导致了丁玲、潘梓年的相继被捕和应修人的牺牲。冯达认为已经犯下无可饶恕的错误，便破罐子破摔。他不仅暴露了自己的身份，而且答应给当局做翻译工作。冯达变节后，国民党当局仍将这一对原已同居的夫妇单独关押在大雪封山的莫干山，又导致丁玲生下了一个女儿。尽管丁玲被捕后并没有暴露身份，也没有出卖组织，而且历尽千辛万苦逃出虎口，奔向陕北，但这件事仍旧成了她日后长期遭受羞辱和迫害的口实，是她身上一个永远也无法愈合的伤口。丁玲在人间受到非人的折磨，成就了她作为一个殉道者的圣洁形象。如果她出任左联党团书记之后直奔延安，被安排在领导岗位，会不会跟周扬一样也一度成为“文艺沙皇”呢？这当然是一个伪命题，无法深究。

丁玲到陕北之后，主动追求比她小 13 岁的陈明，第三次走进婚姻殿堂。这不仅是因为陈明多才，洋溢着青春活力，更重要的是陈明也是一位革命者，“一二・九运动”期间的学生领袖，至今已有 81 年党龄的党员。丁玲跟陈明结合之后相濡以沫 44 年，苦难岁月远远多于温馨日子。我有一种直感，那就是在丁玲被打成反党分子的日子里，在流放到北大荒的日子里，在关押到秦城监狱的日子里，在发配到山西长治嶂头村的日子里，如果没有陈明的存在和呵护，丁玲能否活到云开雾散、彻底平反的一天，还的的确确是一个问题。

我这次发言的结语是：丁玲不仅在政治上是一只追求真理的扑火灯蛾，在情感生活中也是一只追求真爱的扑火灯蛾。丁玲的情爱史充满了丰富的人性，也充满了鲜明的政治性，并且始终保持了女性的独立性与主动性。丁玲说过，每个女人的命运写出来都是一本最动人的书。如实把丁玲的情感生活书写出来，也会成为一本最动人的书。

母爱的博大与脆弱——我与冰心研究

按常理，进入研究中国现代文学的学术圈之后，我首先应该研究的是冰心。但环境使然，我变成了“吃鲁迅饭”的人，而对冰心却基本上没有研究。

为什么按理我应该研究冰心呢？因为在新文学作品中，我最早接触的是冰心的《繁星》《春水》《寄小读者》《关于女人》。她那篇悼念母亲的散文《南归》，也曾赚了我青少年时代的不少眼泪。冰心作品充满了爱：母爱之爱，童真之爱，自然之爱。这三者成了支撑她“爱的哲学”的三根支柱。即使在日本发动侵华战争期间，她仍写了一篇《致日本女性》，认为世界上最大的威力不是来自旋风般的飞机，巨雷般的大炮，鲨鱼般的战舰，而是来自慈蔼、温柔、最具有抵御力的母爱。《繁星》中的一首格言诗，我曾经背得滚瓜烂熟：

母亲呵！
天上的风雨来了，
鸟儿躲到它的巢里；
心中的风雨来了，
我只躲到你的怀里。

20 世纪 80 年代之后，我有了多次拜访冰心的机会，原因是当时两岸破冰，冰心在台湾有很多粉丝，特别是文化人，他们到了北京都想看看冰心这位国宝级的“熊猫”。我被戏称为“台湾驻京办事处”的负责人，当然义不容辞充当向导。冰心住在中央民族学院的教职工宿舍楼，打电话预约，几乎有求必应，反正我从来没有碰过钉子。这跟当年到东城拜访叶圣陶的情况相类。叶老说："我小院的大门整天都是敞开的。"

冰心与爱猫在一起

冰心的客厅其实也是她的工作室。我们去时几乎没见过她家的其他人，只有一只孤单的猫跟这位孤单的老人相伴。客厅中央挂着一副对联，是梁启超 1924 年题赠的，上书"世事沧桑心事定，胸中海岳梦中飞"。后来我到福州三坊七巷参观冰心故居，那里有一副楹联同样给我留下了深刻印象，是林则徐题写的"海纳百川有容乃大，壁立千仞无欲则刚"。我想，这就是冰心置身其境并受其熏染的文化氛围。

让我追悔莫及的是，每次会见冰心，我们都只扯些闲天，从来没有涉及过她的作品和心路历程。只有一次是陪同台湾的文学史料专家秦贤次和台湾业强出版社的总编辑陈信元造访。当时台湾"业强"刚出版了卓如撰写的《冰心传》(繁体字版)，卓如和陈信元已在扉页签名钤印，去冰心家时她又在上面补了名章，于是我就有了一本传记作者、传主和责任编辑三合一的签名赠书。像这样的奇书，世上恐无几本，于是我视为珍品，再配上一些其他签名本，携带到新加坡南洋理工大学举办了一次签名本书展。我如今回想，当时我如果能跟冰心聊聊她的生平和创作，那不都是很珍贵的第一手资料吗！遗憾的是，人生从无后悔药。

从 20 世纪末开始，我跟福建教育出版社建立了亲密的合作关系，经常坐飞机飞福州，降落在长乐机场。冰心出生七个月之后就离开了福州，但是她说："福建福州永远是我的故乡，虽然我不在那里生长，但它是我的父母之乡。"长乐有郑振铎故居，也有冰心纪念馆，到冰心纪念馆参观的人较多。记不清是哪一年，我利用参加学术会议之便，跟师姐李岫（李广田之女）和茅盾的前儿媳陈小曼同去参观，受到了馆长王炳根的热情接待。印象中，王馆长曾经有过军旅生涯，浑身有一股英武之气，但谈不上儒雅。结识多年后才逐渐发现，他不仅行政能力极强，而且是学者兼散文家，也是一位很具鼓动性的演说家。一个基层单位能有这样的全才领导，实属幸运。

出于炳根兄的好意，2008 年 8 月我应邀出席了在烟台召开的第三届冰心文学国际研讨会。由于我的职业是鲁迅研究，所以炳根兄就命题作文，让我将鲁迅与冰心作一番比较。这着实是一个难题，因为冰心跟鲁迅的性格气质、文化背景都大相径庭。冰心悼念过郭沫若、茅盾、叶圣陶、郑振铎、闻一多、老舍、巴金，但很少谈及鲁迅。鲁迅在《两地书》中对冰心的印象也不佳，不但把她划入了现代评论派的圈子，而且传播过她的八卦。然而，从平行研究的角度，这两位作家的异同还是可以谈的。于是我写了一篇论文，题为《复仇剑与红玫瑰》。"复仇剑"取自鲁迅的新编历史小说《铸剑》，通篇主题是以暴易暴，以恶抗恶，以命偿命，报仇雪耻。"红玫瑰"是一种象征爱的花卉。冰心一生喜欢红玫瑰，去世后灵堂里摆满了红玫瑰，川流不息的悼念者每人手持一朵红玫瑰。

我在论文中指出，鲁迅与冰心的最大区别是一个奉行"斗争哲学"，另一个奉行"爱的哲学"。鲁迅的名言是"人被压迫了，为什么不斗争?"冰心的名言是"有了爱就有了一切!"然而，并不是说冰心的情感中只有爱没有憎。她不能忍受人类欺压人类的一切事情，直至晚年仍谴责社会不公，为教师、儿童和知识分子请命。奉行"斗争哲学"的鲁迅心中也有大爱存焉。他指出中国国民性中最缺乏的就是"诚"与"爱"。他有一句名言："创作总根于爱，杨朱无书。"（《而已集·小杂感》）不过，鲁迅式的爱，强调要分清是非，看清对手。这是基于他对中国国情的深刻洞察和对人性的科学分析。冰心承认她的“爱的哲学”受基督教影响至深，同时也融入了中国传统文化和其他宗教（如佛教）中的慈爱思想，以及印度泰戈尔作品中的爱的哲理。在《冰心小说散文选集·自序》中，她作了这样的自我评论：“我只暴露黑暗，并没有找到光明，原因是我没有去找光明的勇气！结果我就退缩逃避到狭窄的家庭圈子里，去描写歌颂那些在阶级社会里不可能实行的‘人类之爱’。”2009 年，我还以同一题目在中国现代文学馆搞了一次讲座，受到听众的好评。

2012 年 10 月，第四届冰心文学国际学术研讨会在重庆召开。重庆歌乐山是我的出生地，借开会之机寻根忆旧，更是一件乐事。由于这次会议的中心议题是冰心抗日战争时期的作品，我提交的论文题为《我接触的第一本新文学读物：〈关于女人〉》。

我自认为这是一篇独具风格的论文，既论述了冰心创作《关于女人》时的心境，她的女性观，重点分析了这本书中几个重点人物（如冰心的学生），还结合我的亲身经历剖析冰心作品的基本主题——“母爱”。在冰心的笔下，母爱十分博大。母亲是春光，是心灵的故乡、生命的绿洲。她的膝上和怀里，是孩子避风的港湾。而我却有别一番滋味的生命体验。我的母亲是被我的生父抛弃的薄命女人，但由于生父毕业于黄埔军校，抗日战争后驻守在台湾基隆港，因而母亲在 1955 年被视为反动军官家属，蒙冤受屈，开除公职，求生不得，求死不能。直到 1981 年 11 月 27 日才彻底平反。不巧的是，我 1957 年夏天高中毕业，全国高考作文的统一命题就是《我的母亲》。我无法如实描写自己的母亲，既不能像歌颂圣母般地歌颂她，也不敢为她鸣冤叫屈。我只好在考场上即兴发挥，把她虚构为一位为掩护八路军而壮烈牺牲的烈士。母亲在自身难保的境遇中，哪有什么抵御能力，怎能为我遮风挡雨？我由此感到了在那种特殊年代母爱的脆弱，更不愿再经历那种不能如实描写自己母亲的时代。我的这一经历，应该是冰心作品阅读史上的一个例证。

冰心是 1999 年去世的，不觉间距今已经 18 年了。每次到冰心纪念馆参观，看到她生前使用的家具，那张熟识的书桌，那只已经制作成标本的老猫，都有无尽的怀念。据说，冰心临终前住院，那只老猫就开始绝食，最后抑郁而终。宠物如此，令我更加感慨丛生。

“两脚踏中西文化”的林语堂——我与林语堂研究

林语堂

我无意于研究林语堂。他虽然以“幽默大师”闻名于世，但读起他的文章，我觉得反不如梁实秋的散文幽默。林语堂是语言文字学家，他编撰的《当代汉英词典》是一部权威性的工具书，可惜我天生愚钝，对这门学问全无兴趣。林语堂之所以闻名海内外，因为他“脚踏中西文化”，是中国现代珍稀的双语作家。他出版的英文论著近 30 种，其中仅《生活的艺术》一书就在美国出了 40 多版，还有英、德、法、意、丹麦、瑞典、西班牙、葡萄牙、荷兰的版本，畅销三四十年而不衰。遗憾的是我不懂英文，因而难于分享他的成就。

然而我还是关注了林语堂，因为在中国现代文化史上他是个绕不开的存在。我是以鲁迅研究为职业的人，仅在《鲁迅日记》中林语堂就出现了 127 次。研究鲁迅，怎能不研究他的同时代人呢？更何况林语堂还是一个独立的存在，除了跟鲁迅的恩恩怨怨，他本人值得研究的地方还有很多。

我开始研究林语堂是在 20 世纪 90 年代初，原因是我应邀到台湾举办了一次以《幽默杂谈》为题的讲演。邀请者是台湾空中大学教授沈谦。沈先生是研究修辞学的学者，能言善侃，号称台湾的“名嘴”。台湾空中大学相当于中国大陆的广播电视大学，相当多的学员是在职人员，利用业余时间深造，所以讲座安排在晚上进行。

那次我讲的是：“幽默”是英文 humour（诙摹）的音译，源于拉丁文，含义为体液。直到文艺复兴时期，幽默的含义才逐渐由医学领域向社会领域和艺术领域转移，成为一个喜剧美学的概念。1924 年 5 月，林语堂率先将“幽默”的概念引进中国。接着，我重点介绍了幽默最基本的功能——引笑机制，以及制造幽默的常用技巧。在讲演中，我还粗略谈及了幽默跟机智、滑稽和讽刺的异同。会场的气氛是活跃的，但讲完也有两位听众有不同反应。一位是中年公务员，他天真地说：“您从北京来，我还以为您是来说相声呢！”原来他把幽默跟搞笑完全混为一谈了，所以有些失望。还有一位是大学青年教师，他神情凝重地问：“陈先生，台湾正在竞选立法委员，听说下个月就要投票了，此刻气氛相当紧张，您看我们台湾老百姓能幽默得起来吗？”我一时语塞。这个问题，促使我对幽默的社会功能产生了进一步思考。

从台湾回北京后，我写了一篇《“相得”与“疏离”——林语堂与鲁迅的交往史实》，除了梳理他们交往的过程之外，还论述了他们在“幽默”问题上的分歧。林语堂认为，幽默有广义和狭义之分。广义的幽默常包括一切使人发笑的文字，而狭义的幽默则区别于浅薄的滑稽和辛辣的冷嘲。因为幽默固然能收到谐谑的效果，但对所谑的对象却充满了同情悲悯，所以林语堂指出，幽默的真谛在于“悲天悯人”。对于作为一种语言风格和文字表现手法的幽默，鲁迅从来未持否定的态度。他还亲自翻译过日本鹤见佑辅的文章《说幽默》。鲁迅跟林语堂在幽默问题上的主要分歧在于：一、在 20 世纪 30 年代的中国是否适合于大力提倡幽默？二、幽默与履行社会批评使命的讽刺是否互不兼容？三、对幽默的社会功能与艺术

（第三十九期） 一九二五年八月十日 （1）

語絲

第三十九期

每星期一出版

地址	北京大學第一院新潮社
報費	每份本京銅元四枚外埠連郵費二分半年五角全年一元郵票代價以九五折計算
廣告費	每方寸每期五角十期以上七折二十期以上對折

答平伯君 西瀅

本期目錄

答平伯君 西瀅
答西瀅君 平伯
代快郵 鼠朗
寄給— 羅天
蹺跛的婦人 掃敬文

一五五

《语丝》书影

功能如何估计才恰如其分。

林语堂的读者都知道，创办《语丝》初期，林语堂在跟北洋军阀斗争的过程中意气风发。他《说土匪》《说文妖》《悼刘和珍、杨德群女士》，因此跟鲁迅一样被列入了通缉的黑名单。1927 年“四一二”事变之后，林语堂由办《论语》到办《人间世》，从臭虫跳蚤、吸烟打牌、饮酒中风、抽水马桶，乃至男子精虫、女子月经……统统都成了他幽默的题材。一时间，似乎天下无不谈“幽默”和“性灵”。林语堂本人也由“讽刺的幽默”转变为“闲适的幽默”，由“斗士”转变为“名士”“隐士”。

然而，在一个风沙扑面、虎狼成群、炸弹凌空、饿殍遍地的时代，在一个阶级矛盾和民族矛盾空前尖锐的时代，林语堂提倡“性灵”，强调“自我”，想当“隐士”，是完全做不到的。在国共两党的生死搏斗中，林语堂无法始终保持超然的立场。他选边站队的结果，是在 40 年代一头栽向了国民党蒋介石一边。这在他漂泊海外 30 年和晚年回台湾定居 10 年期间表现得十分明显。胡适虽然跟林语堂同样反共，但对于台湾的权力中心始终保持了独立立场和批判态度，而在这点上林语堂远不如胡适。

2013 年，台北阳明山林语堂故居整理出了一批林语堂书信，包括林语堂致蒋介石、宋美龄信函，使我对林语堂的政治态度有了进一步认识。从这批信函中得知，早在抗日战争时期，林语堂就决然选择了拥蒋反共的立场。他认为中共在海外的宣传取得了成功，而国民党则败在宣传，所以他愿意写文章介绍蒋介石“防共之苦衷”。1945年11月26日，林语堂致宋美龄信，说有一位兰德尔·古尔德先生在《剖析林语堂》一文中攻击他“每一个道德细胞都已败坏”，所以他恳求蒋介石给他题写“文章报国”四个字，如能遂愿，死而无憾。1966年，在海外漂泊了30年的林语堂回台湾定居。蒋介石不仅为他在阳明山麓建造了一栋漂亮的别墅，而且有意请他出山，担任“考试院”副院长。70多岁的林语堂认为他处于在野地位，更能为蒋介石尽力，而“一旦居职，反失效力”。“以道辅政”，就是林语堂晚年给自己的定位。蒋介石80岁寿辰时，林语堂歌颂蒋“睿智天纵”，“北斗居其所，高山景行止”。这种肉麻的祝寿文字，使林语堂当年提倡的“性灵文学”完全破灭，他的“名士”“隐士”身份也随之破灭。

除了对林语堂与鲁迅进行了比较研究，我对林语堂研究的另一微薄贡献，是在国内首次披露了一批林语堂与南洋大学冲突的史料。2008年4月，我应邀到新加坡南洋理工大学文学院访学，接触了一些当地人，发现林语堂在新马地区的口碑并不好。我在新加坡国立图书馆还读到一本小说，书名叫《“美是大”阿Q正传》，就是用主人公“美是大”影射林语堂。小说作者“吐虹”之所以给林语堂取了一个“美是大”的绰号，就是因为林语堂在新加坡到处演讲，颂扬了美国的文明，女人，脱衣舞……林语堂还当场质问听众：“美国的女孩子多数在结婚以前便有了孩子，这里有没有？美国的娘儿们袒胸露肩，下半身赤裸，上身几乎全部暴露，敢公然在街上跑，这里谁有胆量？她们敢公然和不认识的男人调情，这里谁敢这样做？”

不过，林语堂之所以在新加坡被人诟病，并不是这类媚外贬中的言论，根本原因是发生于1955年的“南洋大学事件”。那一年4月，被南洋大学执委会聘为校长的林语堂宣布辞职，领取了一大笔遣散费。林语堂一方斥责执委会背信弃义，是被共产党操纵利用；执委会一方则认为林语堂是“小丑扮青衣”，是吮吸华侨血的“臭虫”。时隔半个多世纪，这场纠

南洋大学

纷的是非如何才能断定呢？

有幸的是，我在新加坡国立图书馆查到了林语堂跟南洋大学执委会负责人陈六使、连瀛洲的一批通信。这批私人函件是林语堂主动公布的，刊登于 1955 年 3 月 21 日的《星洲日报》，总题为《林语堂与连瀛洲备忘录》，由于历经半个多世纪，原报早已漫漶破损，我看到的是缩微胶卷。

这一事件的主人公之一陈六使是南洋大学的创办人。为了保存和弘扬中华民族的优秀文化，重点培养新马地区的华裔高中毕业生，他捐献了 167 万美金作为南大开办基金。连瀛洲也是新加坡的一位侨商领袖，1953 年底作为陈六使的代表，自费到美国纽约动员林语堂出任南洋大学的第一任校长。当时南洋大学急需聘请一位有一定国际影响而又能为英国殖民当局接受的校长，曾经想请胡适或梅贻琦出山，均未获允，于是林语堂就成了他们当时力争的人选。为此，南大执委会不仅为林语堂提供了极其优厚的待遇，而且在书信中承诺“校长负大学行政全责”，“校董不得干涉大学行政”。孰料林语堂 1954 年 10 月上任之后，竟要根据他心目当中西方第一流大学的水平，一口气就要把南洋大学办成“亚洲东南第一学府”。这自然会牵涉到办学经费问题。南洋大学的办学启动费都是南洋华侨的血汗钱，不仅来自少数侨商的捐助，而且新加坡的小贩、三轮车夫、割胶工人乃至舞女都举办了义卖、义演、献薪等活动，每一分钱上都浸透了华侨的血汗。经费原本支绌且又勤俭节约的执委会，焉能对这种好大喜功的做法坐视不管？1955 年 2 月 17 日至同年 4 月 6 日，林语堂跟南大执委会进行了 50 天剑拔弩张的谈判，以南洋大学执委会给林语堂一方支付了十多万美金的遣散费宣告结束。按照当时的标准，林语堂在新加坡短时间的薪酬，相当于当时中国高校教师 86 年的总收入。所以，林语堂与南大执委会之间的这场冲突，是一场双输的冲突：南大执委会输了巨资，林语堂输了名声。事后林语堂把南大执委会解聘他的原因归结为共产党幕后的煽动，完全是一种不尊重事实的说法。从新加坡访学归来后，我写了一篇《折戟狮城——林语堂与南洋大学》的长文，刊登在《新文学史料》2008 年第 4 期；又将这批原始信函刊登在《湖南人文科技学院学报》2008 年第 5 期，作为我给林语堂研究提供的一点新史料。

2016 年 5 月，经友人安排，我到福建漳州平和县林语堂纪念馆举办了一次讲座，题为《林语堂其人及其文化思想》，讲稿后来刊登在《中华读书报》“国际文化”专栏。我的讲演是普及性的，卑之无甚高论，但借这次难得的机会，我切身感受到了林语堂故乡的地理和人文景观。

根据林语堂的《八十自叙》，他出生在福建南部沿海山区的龙溪县板仔村。当年的龙溪，就含有如今的平和县。板仔村四周皆山，极目遥望，但见绵亘，无论晴雨，皆掩映于山雾之间。林语堂说，这些层峦叠嶂的青山形成了他健全的观念和简朴的思想。板仔的水同样让林语堂魂牵梦萦，因为板仔村亦称为东湖，“虽有急流激湍，但浅而不深，不能行船，有之，即仅浅底小舟而已。船夫及其女儿，在航行此急流之时，必须跳入水中，裸露至腿际，真个是将小舟扛于肩上。”这种生动的民俗画卷，如今

林语堂故居

已经见不到了。

1907 年，林语堂 12 岁，林语堂的故乡发生了一件大事，那就是修建了一座新教堂。这应该是林语堂第一次跟西方文明接触。同样遗憾的是，这座教堂在 20 世纪 70 年代已被拆除，人们已无法体验林语堂儿时从教堂屋顶滑下来的情景。目前，只留下了林语堂父亲在河边荒地上修建的五间小平房，作为林语堂故居供人参观。故居内悬挂着林语堂不同时期的照片，摆放着木质餐桌、照明灯等老物件，把观众带回到这位幽默大师流连眷恋的青少年时代，与故居相连的还有铭新小学一间十来平方米的教室。林语堂 6 岁至 10 岁在这里上学。家长每周给他一个铜板，当时可以买一碗面吃，也可以买一个芝麻饼及四块糖果。我举办讲座的林语堂文学馆，就在林语堂故居旁边。文学馆门外有一株大树。树下有一个当年的石桌。讲演之前，我特意坐在石桌边品茶，让思绪穿越到那悠远的年代。

这次平和之行的最大收获，是结识了两位当地作家：一位是林语堂文学馆馆长黄荣才，另一位是平和县作协秘书长林丽红。从他们那里，我了解到一些饶有趣味的史料。比如，林语堂在《八十自叙》中说，他跟板仔村的一个女孩赖柏英十分相爱，小时候常在一起捉鱼虾。林语堂上圣约翰大学之后返乡，乡亲们都认为他们是理想的一对。但未能遂愿，林语堂到了北平，赖柏英就嫁了本地一位商人。1963 年，林语堂出版了一部自传体的英文小说，书名就叫《赖柏英》(Juniper Loa)。

然而，黄荣才和林丽红告诉我，经过调查，赖柏英生于 1913 年，而林语堂生于 1895 年，也就是说，林语堂要比赖柏英大 18 岁。林语堂在上海读大学时，赖柏英刚三岁，两人怎么可能会产生恋情呢？故乡人又怎么可能认为他们两人般配呢？再说，赖柏英于 1931 年结婚，丈夫蔡文明在中学任职，也不是什么商人。据他们推断，林语堂的初恋对象应该是赖柏英的姐姐赖桂英。她跟林语堂年龄接近，而且丈夫林英杰的确经商。不过，令人费解的是，如果初恋真的刻骨铭心，那怎么会连恋人的名字都记错呢？由于这一段恋情跟林语堂的创作有直接相关，进一步考证也许并不是一件毫无意义的事情。

当我撰写这篇回忆文章的时候，离开平和这个南国的柚子之乡已经整整一年了。以我目前的年龄，此生应该会跟林语堂研究告别了吧。但有幸的是，我跟林语堂故乡人的友情是割不断的。我们在手机上建了一个“群”，这个“群”的名字就叫“语堂说”。

鲁迅的同行者——我与许广平研究

1925 年 12 月 12 日，有一位署名“平林”的作者在《国民新报副刊 (乙刊)》发表了一篇散文:《同行者》。可以断言，当时能够真正读懂这篇文章的恐怕只有鲁迅和许广平两个人。这并不是因为文中有什么艰难的字词或深奥的哲理，而是一般读者不会了解文章的写作背景和真实内涵。“平林”就是许广平的笔名，《国民新报副刊 (乙刊)》就是鲁迅编辑的副刊。文章的发表传递了一个重要信息：许广平跟鲁迅当时正“沐浴游泳于

鲁迅、许广平夫妇合影

爱之波”，已经从师生发展成为恋人——人生征途中的同行者。

这篇文章采用了性别代词倒错的独特写法：文中的“他”是许广平的自称，“她”反过来是指鲁迅。文章道明了她跟鲁迅产生恋情的原因：“由同情的互相怜惜而亲近起来。”也就是说，他们都深受包办婚姻之苦，故能惺惺相惜。文章还披露了他们恋爱过程中的一个重要细节：鲁迅纵酒和许广平禁酒。

鲁迅患有肺病，北京时期曾因兄弟失和以及被章士钊免职而两次吐血。医生告诉鲁迅：“如果再喝酒，那么药亦无效了。”但是，由于愤世嫉俗而产生的一种反抗心理，鲁迅仍不时沉湎于杯中之物。在许广平心目中，鲁迅是一个给人类以“光、力、血”，能够使“世界璀璨而辉煌”的人物，所以力劝鲁迅戒酒。有时鲁迅偷偷喝酒，她发现后就责备说：“不诚实是叫人难过的，你知道吗?”但许广平同时又深感自责，因为喝酒是鲁迅面临压迫排遣抑郁的一种方式，如果让他彻底戒酒，反使鲁迅胸襟不能容受巨大的苦痛，这岂不是有悖初衷吗？许广平在这篇文章中还明确表示，她将不顾那些假道学家的冷眼和专唱高调者的责难，不顾世俗的利害、是非、善恶，跟鲁迅一心一意向着爱的方向奔驰。

像这种研究鲁迅生平的生动史料，除开许广平之外谁还能写得出来呢？不管许广平的回忆录中有多少失误，但她的《欣慰的纪念》《关于鲁迅的生活》《鲁迅回忆录》，特别是《两地书》中她致鲁迅的书信，都是所有鲁迅研究者的必读书、入门书。

鲁迅说过，他跟许广平共同生活的十年当中，创作的成果超出了此前的二十年。鲁迅去世之后，许广平为保护鲁迅遗物，出版鲁迅著作，弘扬鲁迅业绩，更是付出了巨大的心血。还应该看到，许广平也有其独立的事业，独特的贡献。抗战时期她表现出的民族气节，解放战争时期她在妇女运动中的杰出表现，都是有口皆碑。

基于以上认识，我觉得研究许广平其实就是研究鲁迅的一个有机组成部分，也是研究中国现代妇运史的一个侧面。所以，大约在1978年，我就撰写了一篇长文:《“携手共艰危”——纪念鲁迅的亲密战友许广平同志》，发表于《南开大学学报》，后收入《鲁迅史实新探》一书。1979年4月，友人马蹄疾在广东人民出版社出版《许广平忆鲁迅》，将此文作为附录收入。可以说，在当时，这是唯一一篇系统介绍许广平生平的文章。

研究许广平，当然离不开她亲属的帮助。我决不会忘记周海婴先生及其夫人马新云老师，是他们提供了许广平的未刊稿《我的斗争史》以及当时尚未结集的一些剪报，我才能够写出研究许广平的第一篇长文。后来我在这篇长文的基础上扩写成《许广平的一生》，计15万字，1981年5月由天津人民出版社出版，这就是关于许广平的第一部传记。此书出版前，我特请海婴先生写篇序言，他爽快地答应了。于是，他先口授，我笔录整理，

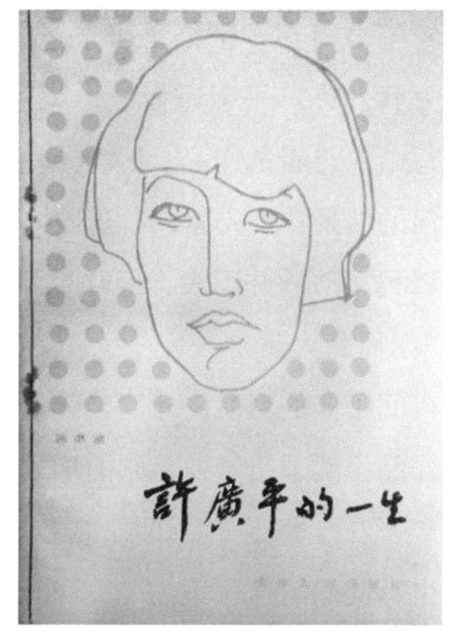

《许广平的一生》书影

他再作修订，于 1980 年 9 月 25 日完成了置于《许广平的一生》卷首的那篇《写在前面》。

在写作《许广平的一生》的过程中，我还得益于友人马蹄疾的帮助。马蹄疾编了一本资料性读物:《许广平忆鲁迅》，厚达 798 页，1979 年 4 月由广东人民出版社出版，书中不仅收录了许广平的集外文，而且提供了一份相对齐备的《景宋著述编目》，为我写传提供了很多方便。马蹄疾编这本书时，复印机还未在国内普遍使用，很多许广平的佚文他都是一字一句从报刊上抄录下来的。这种精神让我特别感动。马蹄疾兄写得一手好字，如果这部书稿能够保存下来，应该有学术和书法的双重价值。

2011 年《许广平的一生》改名为《许广平传》，由人民日报出版社再版。

我在新版后面增加了两篇附录：一篇题为《都是〈魔祟〉惹的祸——由一出独幕剧引发的文坛风波》，另一篇是《我读许广平〈鲁迅回忆录〉(手稿本)》。

《魔祟》是 20 世纪 80 年代中期我发现的一篇许广平佚文，原文是用铅笔书写在一张纸上，未署名，未注明写作时间，也未曾公开发表。因为我对许广平字迹极熟，又了解她的文风，所以一眼就能断定是许广平写给自己看的作品。《魔祟》的主要内容是许广平回忆夜间跟鲁迅共同生活的情景：她先睡，鲁迅陪陪她，再继续写作。鲁迅睡前关窗户，虽小心翼翼，动静并不大，但却惊醒了许广平。被睡魔控制的许广平不禁抱怨："你那么大声音关窗子，把我弄醒了。"鲁迅去世之后，许广平也养成了夜间工作的习惯，才因当年对鲁迅理解不够、体贴不够而深深自责。这篇作品虽然采用了独幕剧的形式和象征的手法，但基本含义还是明白的。许广平在《鲁迅先生的日常生活》《鲁迅先生的写作生活》《我怕》等文中也有类似的描写。

另一篇附录是《我读许广平〈鲁迅回忆录〉(手稿本)》，原刊登于

《中国现代文学研究丛刊》，谈的是2010年3月长江文艺出版社推出的《〈鲁迅回忆录〉手稿本》。我认为，为学术界提供许广平著作的原稿，以便跟正式出版本的文字对照，从中了解许广平的构思修订过程，是一种正常做法；但把这种史料性读物包装成畅销书，听说印数高达20余万册，这就不正常了。为了促销，自然要向读者宣传其卖点，于是有一些权威学者就出面站台了，说什么许广平1961年出版的《鲁迅回忆录》是由“上级拍板”的“集体创作”，“有很多地方违背作者原意，有被要求改动的左的痕迹”。“手稿本能够在五十年后完整面世，意味着被极左思潮遮蔽和诠释近六十年的鲁迅及其代表的文化精神的那些事，将得到还原和解放。”还有些报刊宣称，以出版《鲁迅回忆录》（手稿本）为标志，“新世纪鲁迅研究将重新启动”。

上述提法肯定不是经过认真研究之后所得出的正确学术结论。即使视为广告词，这也是一种夸大的带虚假色彩的广告。

我在文章中指出，许广平写作《鲁迅回忆录》的时代，是一个张扬集体主义精神的时代，所以许广平在《前言》中强调这本书采用的是“个人执笔，集体讨论、修改的写作方法”，这也含有作者自谦的意思。事实上，这本回忆录是许广平每天写几千字这样陆续写出来的，写作过程中对她帮助最大的应该是秘书王永昌和那些不知名的责任编辑——他们起码在文字加工方面发挥了作用。对内容的把关，主要是1960年2月13日在北京文化俱乐部召开了一次座谈会，由中国作协党组书记邵荃麟主持，参加者有陈笑雨、郭小川、刘白羽、阳翰笙、唐弢等。有人谈得多，有人基本上没发言，基本上是各抒己见。重读会议记录，仍感到有些意见很好，很中肯，并没有左得乌烟瘴气。

事后许广平对《鲁迅回忆录》作了加工润饰，使文字更加清通，也删掉了一些左得出奇的提法。我列了一张校勘表，收录在我写的《本色鲁迅》一书中，想深究此事的读者可以参看。总的印象，我认为正式出版本的整体水平比手稿本有明显提高，而不是修订本阉割了手稿本中的什么精华。让一部错字、病句和其他问题成堆的手稿本大量印行，我认为反有损许广平先生的形象。这恐怕是这部“手稿本”的推手始料不及的。事与愿违，此之谓也。

许广平《鲁迅回忆录》（手稿本）中之所以出现有些左得离谱的文字，我认为主要是时代的局限，而不应该苛责于许广平个人。中国共产党历届领导人一如既往地弘扬鲁迅精神，鲁迅在中国现代文学史、文化史上又居于一个十分显赫的位置。在一个政治斗争频繁，政治气候瞬息多变的时代，作为鲁迅夫人的许广平自然会生活得十分谨慎小心，唯恐自己的言行有损于居于文坛高位的鲁迅。周海婴《鲁迅与我七十年》中有惊心动魄的一章，题为《必需（按：似应为“必须”）说明的真相》，主要回忆 1966 年 5 月下旬江青在上海召见许广平母子的情况，即可见某些政治人物试图操控许广平的用心，以及许广平“文革”时期所处政治环境的险恶。换位思考，定能对许广平多一点理解，少一些酷评。

最后，我想谈谈《许广平传》的优点和不足。我自认为我这本书除开史料比较准确扎实之外，还挖掘出一些新的史料；即使重写，恐怕在史料上也难于有大的突破。我特别感到得意的是，我发现并首次披露了许广平初恋的史实。1940 年 1 月 10 日，许广平在《上海妇女》第 4 卷第 2 期发表了一篇散文《新年》。这篇文章是回忆主人公“霞”十八年前生活中发生的一幕悲剧。

我知道，许广平幼名“霞”，家中亦称她“霞姑”。她后来也使用过“许遐”的笔名，因“霞”与“遐”谐音，文中所说的“十八年前”即 1922 年，那时许广平刚从天津女师毕业，考进了北京女子高等师范学校。她在天津女师读书时有一位闺蜜叫常瑞麟，文章中称为“玉兰”，比许广平小两岁。毕业后常瑞麟考入北京医学专门学校，许广平却学了文科，虽专业不同，但同在北京，每周末都要相聚。那年新年前夕，常瑞麟的三妹毓麟、四妹应麟从天津到北京度年假，许广平兴冲冲跑到常家，不巧毓麟、应麟都染了喉疾，许广平不知道这是什么病，便亲姐妹般地前去照顾，结果自己也传染上了，以为是一般的扁桃腺炎。后来疾病加剧，经西医确诊，才知道得的是可怕的猩红热，经过开刀，引出一盘脓液，才逐渐康复。

许广平重病时曾处于昏迷状态，几近弥留。在此期间，文章中提到的“辉”曾来探视她，并送来了自己治疗喉疾的藏青果。许广平初愈时，曾想去看望这位“辉”，但都被常瑞麟姐妹劝阻，因为她还很虚弱，需要静养。直到过了农历正月十九，许广平才从常瑞麟的三妹毓麟那里听到了“辉”的噩耗，原来“辉”探许广平病时也被传染上了，终成不治，英年早逝。在《新年》一文的结尾，许广平动情地写道：“到了第十八年纪念的今天，也许辉的家里都早已忘记了他罢，然而每到此时此际，霞的怆痛，就像那患骨节酸痛者的遭到了节气一样，自然会敏感到记忆的。因为它曾经摧毁了一个处女纯净的心，永没有苏醒。”

幸运的是，常瑞麟当时还健在，1980 年刚 80 岁，头脑十分清晰，是北京第二实验小学的退休校医。我专程拜访了她，她又于当年 6 月 20 日给我写了长信，才确知《新年》中提到的这位“辉”全名李小辉，是许广平的表弟，也是许广平的初恋情人。五四运动之后跟他姐姐李小庄一起从广东来到北京，准备赴法勤工俭学。因为误了考期，只好在北京大学当旁听生。在许广平笔下，李小辉是一位十分开朗活泼的青年：“他似乎正在走入人生第一步的幻境，像小孩东奔西走地去扑蝴蝶，连自己将要跌倒也没有留意……”谁能想到，这样一个生气勃勃的青年，几天之中就会被病魔吞噬呢？

如果说我的《许广平传》有什么不足，那主要是只突出了许广平跟鲁迅有关联的生活内容，对于鲁迅去世之后许广平的生活和事业却展示得很不充分。这一方面是因为我掌握的史料并不充分，二是因为对于新中国成立后许广平的生活和工作写起来感到力不从心。为了弥补这一缺陷，我附录了一份《许广平活动简表（1948 年 10 月至 1968 年 3 月）》。“简表”与传记之间存在的差别是不言而喻的，但看来我今生已无法弥补了，只能让这种遗憾成为我终生的遗憾。

2010 年之后，在许广平研究方面似乎没有什么大的进展。据说许广平生前写下了一些日记，个别文字海婴在《我与鲁迅七十年》一书中曾经引用，如 1961 年 6 月 6 日许广平入党当天的日记。若能公开出版，当然是了解许广平思想和生活的珍稀史料。又听说许广平学生时代听鲁迅讲《中国小说史略》时也留下了听课笔记，这对研究鲁迅的教学活动也是一种珍稀资料。所以，许广平研究的学术水平还有进一步提升的空间，这是应该热切期待的。

结　语

写完这组杂七杂八的短文，我的体会是：虽说这些都算是我的“杂学”，但其实仍然跟鲁迅研究这门“主学”相关联。因为我涉猎的这些人物都是鲁迅的同时代人，而且都跟鲁迅有所交集：或为“友”，或为“仇”，或先为“友”后为“仇”。鲁迅并不是一个孤立的存在，不对鲁迅的同时代人进行独立的研究，也就不可能对鲁迅作出客观公正的科学评价。即使我怀人散文当中写的那些人物，也大多是鲁迅的友人或研究者。从这个意义上说，这些“杂学”也不杂。知识总是触类旁通的。俗语说：“生有涯，知无涯。”在向八十岁进军的征途中，我最深的体会就是我的知识面太狭窄，所以仍需秉烛读书，给此生少留些遗憾。

2017 年 12 月

人物

父亲浩然与杨啸的457封通信

梁秋川 *

2008年2月20日，父亲浩然因病在北京逝世。父亲的挚友杨啸闻听噩耗后，尽管对这个结果早有思想准备，但内心依然悲痛万分。因他当时身体状况极为不好，根本不可能亲自来北京参加悼念活动，便派他的儿子小菲代表他来参加告别仪式，随后又含泪写出了题为《半个世纪兄弟情》的悼文。这篇两万余言的文章，通过一个个感人的情节，向人们叙述了他们两人长达半个世纪的交往，字字句句都充满深厚的情谊和无限的怀念。

杨啸，原名杨瑞增，中国当代著名儿童文学作家，是内蒙古第五届、第六届人大代表，第七届、第八届政协常委。现为内蒙古文联名誉副主席、内蒙古作协名誉主席。他1936年出生在河北省肃宁县西甘河村，少年时代只上过两年多小学，11岁时便因家贫辍学，到一家工厂当工人。在工厂期间，他接触到许多中国古典小说和通俗武侠小说，幼小的心灵里埋下了文学的种子。新中国成立后他得以回到学校继续读书。1952年他考入了保定银行学校。在银行学校求学期间，杨啸爱上了文学，开始学写一些稿件，并在1955年2月28日的《河北青年报》上发表了他的处女作——鼓词《王家庄签名大会》。此后，他的诗歌、鼓词等作品就经常

---

* 梁秋川，著名作家浩然之子。

浩然

发表在报刊上。也就在这个时期，通过《河北青年报》的编辑常庚西介绍，他与浩然相识，并很快成为至交。

1955 年 6 月，浩然从《河北日报》驻通县记者站调到当时的河北省省会所在地保定，成为《河北日报》的驻社记者。就在浩然调到保定前不久，常庚西从基层调到同样在保定的河北青年报社担任编辑。

由于浩然和杨啸经常给《河北青年报》投稿，常庚西调到报社后很快同他们熟识起来。在交往的过程中，热心肠的常庚西对浩然与杨啸的印象都非常好，产生出让他俩相识，成为朋友的念头，于是便把这个想法分别讲给了浩然与杨啸。不久，《河北青年报》举办一个作者座谈会，在常庚西的安排下，浩然与杨啸相见了。常庚西事前已分别向他们介绍过对方的情况，虽然是第一次见面，两个人却觉得好像已经相识很久，彼此都感到格外亲切。

由于浩然与杨啸都来自农村，有着相似的身世，对农村生活有着共同的语言和感情，做着同样的"文学梦"，加上心性脾气也相投，尽管见面的机会不是很多，但两个人相互关心，相互理解，有着一种天然的感情基础，很快成为挚友。

浩然与杨啸在保定交往了一年左右。1956 年下半年，北京正在筹办中的《俄文友好报》来函，希望浩然去那里工作。浩然对此拿不定主意，便向虽比自己年轻却很有主见的杨啸征询意见。杨啸极力支持浩然到北京工作，他对浩然说："调到北京，距离你熟悉的冀东农村不是远了，而是近了。当了全国性报纸的记者，还可以到全国走走，开开眼界。这两方面对你深入农村生活都有利。走吧，好机会千万不要错过呀!”

于是，1956 年 9 月 12 日，浩然来到北京《俄文友好报》报到。此后，他们一个在北京工作，一个在保定继续上学读书。他们人虽然分开了，但友情却并没有中断和淡薄。他们通过书信互通消息，相互勉励，相互帮助，在生活和文学道路上不断前行。

1957 年 4 月初，浩然因在例行体检中发现患有肺结核，住进位于北京西郊北蜂窝的人民日报社工人疗养院疗养，并写信把这个“不幸”的消息告诉了杨啸。远在数百里外的杨啸，接到信自然很焦急，但又无法前去看望，只能立即回信宽慰。4 月下旬，参加完期末考试的杨啸要实习两个月，实习地点就在北京。到北京后，杨啸先写信与浩然联系好，利用周日休息的时候来到当时还很偏僻、荒凉的北蜂窝，近一年没有见面的两个好朋友，一见面就兴致勃勃地谈论起来。他们除了谈论各自的写作情况，也谈论了各自的生活，总之，是说不尽的心里话。杨啸在北京的两个月里，除利用休息日到疗养院看望浩然外，浩然还专程陪他到通县看望几个老朋友。

杨啸实习结束回到保定，很快就从银行学校毕业。类似保定银行学校这样的学校，中国人民银行当时在全国范围内仅开办了两所。按杨啸当时的条件，他可以留在老家河北，也可以分配到北京、天津等条件较好的地方工作。但那时的年轻人都非常积极上进，以“到边疆去，到最艰苦的地方去，到祖国最需要的地方去”为荣，年轻的杨啸也是如此。由于他看过一些描写内蒙古草原生活的文艺作品，对那里产生出一种难以抑制的向往和憧憬，便主动要求到内蒙古工作。

杨啸来到内蒙古，被分配到伊克昭盟，也就是今天的鄂尔多斯市。他立即写信将自己的工作单位和地址告诉了浩然。浩然看到杨啸从内蒙古邮来的第一封信，心里高兴异常，很快给他写了一封长长的回信。浩然在信中写道：

请先接受我的祝贺吧。你好比一尾小鱼，从池塘里跃进大海洋。辽阔的天地供你游泳，惊涛骇浪把你锤炼，盼望早日见到你龙门之跃。

蒙古草原是个大好的地方，有特色、有生活、有诗。你要爱它，深深地爱它。你所需要的一切，这儿都能取到，你的理想将在这儿得到支持。

除了祝贺外，浩然还对杨啸在生活、工作及创作上做了一番叮嘱，希望能给他一些参考：

但是，我要告诉你，一个革命者的生活道路，不会是平坦无阻的。尤其，对我们这些易于幻想的青年人来说，事实跟我们想的距离总是很远。我比你早一些投入这条道路，所以认识的多一些，告诉你，愿意你做一番精神准备，决不是吓唬你。你除了准备承受幸福、欢乐，也要准备承受碰壁、摔跤、受罪，甚至于打击和委屈。只要你有了思想准备，而真的碰到时，又能正确和冷静的处理，这些就不会损害你，而对你有利。

到一个新的岗位，先不要忙着写什么东西。要先熟悉工作，熟悉情况——这些对你的创作也是有利的、必要的——不要一开始就留给周围的人一些不必要的印象，影响今后的活动。在工作中，除了团结群众，更要靠近党的组织，靠近本地的同志。这句话，虽是老生常谈，应用起来很不易。但是，对于自己还不了解和一般接触到的人，不要轻易把全部心腹都倾给别人。这是相当危险的——反击运动开展起来之后，我深深认识到这一点。我吃了这一般人的苦头，因无原则同一般人交往，受到指责。

我说了上述这些话，决不是不相信你。你是个朴素而真诚的小伙子，你会比我生活的好。这些都当你生活中的参考。

杨啸在内蒙古大草原上扎下了根。

1958年7月下旬，杨啸回河北老家探亲。他原本打算路过北京时去看望浩然，由于在丰台换车时间仓促，只得改为返回时再去。8月10日，杨啸第一次踏入浩然在北京的家门，第一次和浩然的妻子及三个子女见面，第一次住在浩然的家里；在以后的几十年里，无论是专程来京，还是途经，他都要住在浩然家，与浩然谈天，探讨文学。杨啸这次本想看看浩然，住一夜，第二天就回内蒙古。没想到，一场暴雨，山洪冲毁了杨啸返回的一段铁路，把他阻隔在北京。浩然得知消息后安慰他说："不用着急，多会儿路通了再回去。这样也好，你在这里多住几天，咱们可以尽兴地多聊聊！"就这样，杨啸在浩然家里住了一周。杨啸在当时留下了这样一段文字，记述了他在浩然家的情景："从内蒙古回故乡探亲返回途中，在北京停留，到俄文友好报社看望浩然兄。浩然兄热情地挽留我在他家里住下，盘桓数日。每当他下班之后，我们俩便相对而坐，倾心畅谈；有时则外出散步，边走边谈。谈生活，谈创作，谈读书，谈各自的写作计划……常常是谈至深夜，话犹未尽。"这种"倾心畅谈，话犹未尽"的感觉，不仅在他们年轻的时候有，即便到了中年、老年也是如此。多年来，只要杨啸到北京，必定要与浩然会上一面，很多时候都是住在浩然家里促膝长谈。浩然的子女们在少年儿童时期，虽然对他们谈论的许多事情都不太明白，却很喜欢静静地在一旁听他们说话，常常是听着他们的谈话进入到梦乡，又在他们的谈话声中醒来，也不知他们是彻夜未眠，还是在清晨又开始了头天夜间没有谈完的话题。

8月16日中午，杨啸离开浩然家，乘火车返回内蒙古。杨啸的朴素、真诚、热情、可亲，不仅使浩然舍不得他走，就连浩然的妻子和儿女们也是如此。这朝夕相处的一周，使浩然与杨啸之间的感情和友情，更加深了一步。

杨啸不但与浩然有着深厚的情谊，在以后长达数十年的交往中，也与浩然的子女结下了深厚的感情。在浩然子女的心目中，杨啸始终是个乐观、豁达、开朗的人，脸上永远挂着笑容，即便谈论一些让人生气的事情，也总是笑呵呵的，仿佛在叙述与己无关而又引人发笑的逸闻趣事。对于浩然的几个子女来说，“杨叔叔”就是杨啸的专用名词；浩然在对他们谈话或写信时，凡涉及杨啸，也必定用“你杨叔叔”，而极少使用“你杨啸叔叔”这样的词。尽管与浩然有联系的杨姓“叔叔”不少，但他的子女却从未因此产生过混淆。几十年来，他们接听过无数杨啸打来的电话，他的第一句话总是“我是你杨叔叔”，到如今只有一点改变，就是从当初的“我是你杨叔叔”简化为“我是杨叔”。

浩然与杨啸，一个在北京，一个在内蒙古，分隔两地，聚少离多，只能靠鸿雁传书，尺素传情。

杨啸性格开朗，始终保持着一颗“童心”。也许就因为这样的一颗“童心”，他才写出那些不仅让少年儿童喜爱，同时也受到成人赞许的儿童文学作品。因为这颗“童心”，也使浩然对这位远在内蒙古大草原上的挚友多了一份牵挂和惦念。这在浩然致杨啸的那些书信中有着充分的体现。浩然虽然只比杨啸年长 4 岁，但投入社会生活的时间早许多，又从事多年农村基层工作和新闻记者工作，因而经历的事情要多一些。浩然在文学创作中，始终坚守着“社会生活是文艺创作的唯一源泉”这一信念，不仅自己常年深入基层，也希望杨啸能为写出更好的作品而经常投入到火热的现实生活中。这在那些信件中是显而易见的。在漫长的岁月里，每当得到杨啸深入到农村或牧区生活、工作的消息，浩然便总是给予鼓励和支持，希望他更多地熟悉生活，更多地汲取养分，写出更多更好的作品。

在浩然与杨啸的往来信函中，我们能够看到他们之间用纸笔倾心交谈，能够看到挚友间的思念、友爱和深透的理解，能够看到相互间的无私帮助与支持，能够看到真情与真诚。他们之中任何一人取得点滴成绩和进步，都会引发对方的喜悦，而表示由衷的祝贺和肯定；任何一人遭受暂时困难和挫折，都会引起对方的忧虑，而发自内心地给予勉励和支持。

1959年1月21日，浩然在他的日记中写道："读了杨啸昨天寄来的作品。最近他比较活跃，连续发表几篇东西，写的也很有气息。朋友的成就，哪怕一滴一点，对我都是鼓舞和鞭策。抽时间写信给他，提些意见。"

在那个时候，以及相当长的一个时期里，浩然与杨啸写出新作品，都要先寄给对方征询意见，相互探讨。无论是征询者，还是被征询者，总是认真坦诚地提出自己的看法，绝不包含一点敷衍的成分。这些新作品，有的是在报刊上刚登载出来的，有的则是尚未发表的手稿。他们对这些新作的看法，除了有机会面谈交换意见外，很多都是在信件中表述出来的。诸如，浩然在看过杨啸《春》的手稿后，在复信中除了肯定它的优点外，还指出："这篇东西的中心思想不够突出，这种思想是作家的主观意图，也就是说，作家通过自己的作品里人物形象的塑造，企图告诉读者什么？也就是说，读者读过它之后，会得到哪些强力感染？其次，对事件安排和情节的选择也缺乏推敲，上庙会遇事，尤其拖拉机耕地那一场，显得陈旧、落套。而最主要的缺点，是人物的精神活动太少了。"杨啸在看过浩然《蜜月》的手稿后，在信中谈了自己的看法："小伙子画画的细节似乎未交代清楚，他画的是船呢，还是画的河呢，他画了回去做什么用，如果是为造船，恐怕像写生似的画回去是不行的。"《蜜月》修改发表后，杨啸又在信中谈了自己的感受："发表稿与原稿比生色不少，要完美得多了……对妈妈把男主人公锁在屋里的情节不够新颖，两个主人公虽然也很活，也很可爱，但不如《并蒂莲》《朝霞红似火》，不如那两篇更耐人寻味。"针对浩然的《姑娘和铁匠》，杨啸认为："人物性格有的刻画还嫌不足，比较明显的表现，铁匠作为一个重要人物，而他给人的印象却不甚鲜明。"对电影剧本《老支书高松山》的初稿，杨啸认为"有些人物的性格还不够鲜明，有些地方没有充分展开，整体看来还比较粗"。不仅是已经完成的作品，就是一些创作构想也在他们相互探讨的范围之内。1970年底，浩然准备创作长篇人物传记《王国福》，杨啸得知创作构想后，详细地给浩然写了五大条建议。当《王国福》写出了全部大纲和一部分初稿后，《人民日报》发文，不允许写真人真事，浩然便打算将其与以前草拟出的《金光大道》第一部合并。对浩然的设想，杨啸提出了自己的看法："对于《王国福》与《金光大道》合并，认为不合并为好，《王国福》已经搭起架子，也写出了前一部分，《金光大道》也同样，合并，则需要打乱后重新结构。如果将名字更换，增加些虚构情节，则可事半功倍。"同样，1971年底，浩然收到杨啸寄来的小说《红雨》的故事提纲，欣喜之余，也立即复信，在人物设置、情节安排等方面提出了自己的设想。这样的实例是很多的，不胜枚举。

无论是对方创作的手稿还是已经发表的作品，他们阅览起来都十分的认真，甚至比校改自己的作品还要认真。他们不仅相互了解对方的人，也相互了解对方的作品。1965 年 7 月，浩然将《艳阳天》第二卷的校样寄给杨啸，征询他的印象和意见。杨啸阅读后立即写来信。他在信中除了真诚的赞扬和热情的鼓励外，还详细谈到几点意见。其中一条是这样写的："在一卷中提到，在马立本当会计之前，韩小乐是会计，那么，在二

浩然（右）和杨啸
1964 年 3 月 20 日摄于北京

杨啸赠送浩然的《红雨》

卷中，撤了马立本，让韩小乐接会计时，韩小乐是否会对会计工作那样外行？（连算盘也不会打）”这是一处包括编辑在内几十个看过稿子的人都未曾发现的纰漏。浩然收到杨啸的反馈后，很快给他回了信，在信中除了“夸奖”他“你对文学、对生活有独到的、高明的见解，对我的，还得加上个‘透’字”。同时也“责怪”他，为了堵塞那个纰漏，“你给我掠走了整整半个工作日”。

浩然在1963年3月号的《河北文艺》上发表了一篇题为《动听的笛声》的文章。这是浩然为杨啸第一部小说集《笛声》所写的评介文章，也是浩然50年写作生涯中众多此类作品中的第一篇，而且是主动提出写的。在这篇文章中，浩然对杨啸以往的创作做了一个小结式的概括，对小说集中的作品进行了分析，成功之处做了热情的肯定，同时，也用相当的篇幅指出其中的不足，而且是那样的直接。按照一般人的想法，为同样是作家的好友所出版的第一本小说集做评介，实事求是是应该的，也是必须的。对其创作及作品中的不足之处，可以用各种方式在私下交换意见。在这种公开发表的文章中，应当多说长处，少说短处；多写成功，少写失误。即便在私下交换意见，对不足之处也应婉转道出，点到为止。浩然在这篇文章中对杨啸的不足之处却写得直截了当，这种直率的写法，许多人，特别是很多现在的人恐怕是难以理解的。

纵览浩然与杨啸时间跨度近 50 年的往来信件，其所包含的内容是极为丰富的，不仅谈论到文学创作，也涉及思想意识，而且涵盖到个人及社会生活的方方面面。阅读完这些信件，给人的最大感触应当是：在这些信中所谈及的所有问题，都是开诚布公、坦诚相见的，没有任何拐弯抹角、模棱两可、含糊其词。

在浩然与杨啸的往来信件中，有多封涉及那篇《动听的笛声》。杨啸得知浩然要写这篇评介文章后，在给浩然的信中写道："多指出些缺点，尤其是能够给我想出点解决的办法，是我当前迫切需要的。"这绝不是虚假的客气，而是发自内心的真意。浩然先后 4 次对这篇文章进行了大的修改，仍不能使自己很满意。他告诉杨啸："稿子没有写好，花去的时间倒不少，真苦呀。这是我在这方面特别低能的表现。如果它在发表之后，直接或间接对你有一些帮助的话，那将是我最高兴的事，受了些苦，花了些时间，也是值得的了。""对于你的作品，是偏爱的，越这样，反而越觉得它们缺点很多。所以，文内好话说的不多。""花的时间不少，退堂鼓一个劲儿打，可是一想到你，就咬牙。不管怎么样吧，我做了我想做你需要我做，而我又能够做的事情，总还是值得高兴的。"

其实，那篇《动听的笛声》，只不过是浩然与杨啸之间书来信往的一种延伸和补充，是其中有关文学创作方面内容的一次汇集和公开。

浩然在与杨啸的长期交往中，不仅关心着他的文学创作，也关心着他生活中的方方面面，时常嘱咐于他。1962 年杨啸结婚，浩然在给他的贺信中写道："今天是廿四日，是你的喜日后第一天，特意写信，为你们祝贺。希望你们'五一'节来京度'蜜月'，好吗？'娶了媳妇就是大汉子'了，对自己应当有更高的要求了。……家庭生活处理要得法。这样，它会成为你力量河流的一支小泉；否则，却是一条泄水沟。你要当个好丈夫，而她，我相信她会是个好妻子，两好并一好，你们生活是幸福的。……”“文化大革命”前夕，稿费一再降低，浩然在信中叮嘱杨啸“希望以后过日子手头紧一点，千万不可再挂上个生活负担的包袱”。一次得知杨啸的一些财物被窃后，马上写信劝慰，并询问是否需要寄去过冬的衣物或其他物品。

挚友间的关心、体贴，是应当的，也必然是相互的。浩然是个好动感情的人，有的时候很容易激动，杨啸几次在信中提醒：“觉得这样不好，还是应当尽量克制。”浩然为圆自己的文学梦，为了在文学事业上不断攀登向前，经常处于“拼命”状态。日积月累，身体素质下降很大，除了高血压之外，还经常感冒。杨啸在致浩然的信中，总是询问他的身体状况，要他多加注意，不要过于“拼命”；有的时候在一封信中反复强调几次。这类话语，从20世纪50年代一直写到21世纪。二人见面时杨啸更是常常劝说浩然注意细水长流，保重身体。1976年春节，浩然因病住院，杨啸得知消息后写来一封一千余字的信，有关健康方面的话，占据了一多半，写得情真意切，在措辞上也较以往“严厉”了许多：

> 初二那天，我给您打了个长途电话，大嫂接的，说是您因血压高、心脏也不好住院了。尽管大嫂说您的血压已经下来了，让我不要着急，但是，我怎么能放得下心呢？这几天我一直惦念着您的病，不知现在怎样了？我想，您的病，**完全是由于劳累所致**。记得我多次对您说过，希望您要注意休息，**劳逸结合**，不要拼得过了头，可您总是对这个问题重视不够。……**希望您**无论如何，从现在起，接受教训，注意休养和治疗，要听医**生的话**，医生不让您写东西，您就要下狠心，把笔停下来。……我当然知道，对您来说，停下笔来休养，这将是一种很大的痛苦。但是，我想，这也需要毅力。如果需要这样，那就得咬着牙，横下心来这样做。我希望您这次要听我和同志们的话。

杨啸的这种关心、体贴，不仅反映在信纸和语言上，更体现在实际行动上。给人印象最为深刻的，是在一次酒席上，杨啸宁可自己喝醉，也不让浩然饮酒过量。那是 1973 年 7 月，浩然与杨啸、李学鳌一同到承德写作，偶遇一位曾在北京市文联“支左”，并与浩然相处很好的部队首长。在相聚的宴席上，这位首长让他的一个年轻下属频频向浩然敬酒。杨啸见状很是担心，怕如此下去，浩然会不胜酒力，有损健康，便起身为浩然“挡酒”，与年轻的军人一口一杯地对着喝了起来……

由于志同道合、感情深厚，浩然与杨啸都渴望能经常相聚畅谈。浩然在 1969 年 2 月 20 日的日记中曾这样写道：“春节期间，常常想起杨啸，几次提笔要写信，却又千思万感心头聚，举笔无言难表达。不知他这段时间日子过得怎么样，更不知他对未来的道路怎么看，能坐在一起，畅谈上一个夜晚，那该多好哇！”浩然在给杨啸的信中总是询问他何时能够来京。杨啸则争取各种机会到京聚会。短暂而愉快的相聚，常常使人感到意犹未尽。杨啸在一封信里就这样表述过：“来到北京之前，感到见了你们会有千言万语要说，及至见了面，却又感到一切都相互了解了，无须多说了；可是当一分开，却又觉得有很多话没有说完。”浩然的感受则是“你在时，还没什么，一走，心里总觉得很难过”。1970 年 3 月，杨啸外调路过北京，而浩然此时正在京郊顺义县协助工作，于是便将他带到顺义的焦庄户，认识一下这块英雄的土地和生活在这里的农民朋友，了却一个十几年的愿望。“男儿有泪不轻弹，只因未到伤

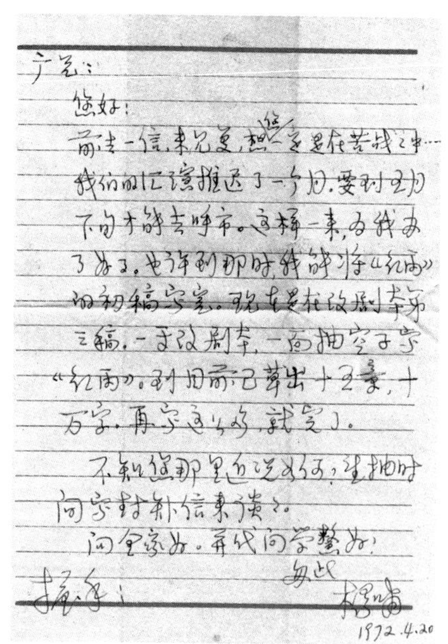
广兄：
您好！
前去一信，未见复，想您还是在苦战之中……
我们的会议推迟了一个月，要到五月下旬才能去呼市。这样一来，对我好了多了。也许到那时我能将《红雨》的初稿写完。现在是在改剧本第三稿，一手改剧本，一面抽空子写《红雨》。到目前已草出十三章，十万字，再写这么多，就完了。
不知您那里近况如何？望抽时间写封新信来谈谈。
向全家好。并代向学鳌好！
敬礼
握手！
杨啸
1972.4.20

杨啸致浩然信

心处”，当二人第二天在顺义县城分手，看着杨啸登上了开往北京的长途汽车后，浩然想起他们的过去、现在和未来，抑制不住的泪水流了下来……

两个相隔千里的挚友能够在一起的机会和时间太少了，只能更多地通过书信来交流感情和传递信息，他们都极为盼望能经常收到对方的来信，隔段时间没有收到，便非常惦念。浩然对杨啸说：“要在忙中抽暇写信给我，把你的生活、工作、写作情况细细说明。”“希望不断地见到你的信，越长越好。”杨啸则说：“每逢日子多了见不到来信，心里就空空荡荡的，挂念的很，明知您那里会一切顺利，可是却又不放心。”杨啸的一首《读广兄来信漫笔》的诗[①]，表达出他收到浩然来信时的心情：

相见何难别何速，此心日日系京都。
唯有一事聊堪慰：鱼雁常传尺素书。

浩然有时因为格外忙碌，无法给杨啸写信；有时因为在创作上将有重要成果产出，尽管十分惦念，也强忍着，希望能使对方得到一个意外的惊喜。1971年浩然写作《金光大道》时，曾两个月没有去信，使得杨啸万分惦念，不断写信询问情况；浩然强压“预喜”的冲动，直到完稿才报喜，使得收到信的杨啸喜出望外。他们之间的很多通信，如果删去抬头和落款，一定能使一些不明就里的人认为是身居两地亲兄弟间的家书。

浩然与杨啸彼此间的惦念，使得他们常在梦中相会。两个人都曾经以诗来记录这样的情景。杨啸的诗是这样写的：

梦中常相见，谈笑兴致浓。醒来隔千里，怅望满天星。

浩然的诗是：

---

① 浩然本名梁金广。——编者注

燕山飞银雪，塞外舞金沙，路遥不相会，梦里到君家。
灯下吐肺腑，滔滔泻三峡，忆旧增新勇，展望长才华。
不为谋利者，壮志在天涯，愿洒男儿血，培育朝阳花。
共盟移山誓，并骑催战马，命存笔在手，老死不卸甲。
喜看金光道，风景美如画，百花盛开时，忠骨染红霞。

浩然与杨啸的情谊，体现在方方面面，也经受了种种考验。在浩然处于人生低谷的时候，杨啸十分担忧他的身体和情绪，不断地写信劝导。而此时，也正有人打算借题发挥，到处煽动批判杨啸编写的《西沙儿女》电影剧本，想以此将他拖下水。杨啸对此毫不担心："因为这样，我倒可以与您患难与共了。"1978 年春，杨啸当时所在的伊克昭盟，有人把矛头直接对准了他，大造舆论说："杨啸和浩然的关系不一般，浩然有问题，杨啸也肯定有问题……"在沸沸扬扬、声势汹汹的形势中，有人甚至声言："浩然是已经倒定了！不打倒杨啸也誓不罢休！"在一次会议上，有人居然面对面地向杨啸质问他和浩然到底是什么关系。杨啸理直气壮地作了如下回答："以前，我从来没有大肆宣扬过我和浩然是好朋友；那是因为浩然的成就很大，我不想借朋友的荣誉为自己的脸上贴金。现在，我要公开声明：我和浩然是好朋友。从青年时代起，我们就是好朋友。多年来，我们一直是无话不谈的好朋友。到北京时，我经常是住在他家……浩然到底有没有问题，你们给他做不了结论，我也给他做不了结论，那得北京市委给他做结论。可是，我现在可以公开地说：我认为，浩然没有问题，浩然是个好同志……"

在所收集到的浩然致百余人的信函中，写给杨啸的不仅是开始时间最早，数量最多，几十年从未间断过的，而且也是基本上完整保存下来的。

在"文化大革命"最激烈、最热闹的时期，人人自危，提心吊胆，不知什么时候就会被人揭发，或被"揪"出来，对他人当时的情况难于了解，更不可能及时了解，因而浩然同很多人中断了通信联系。有时偶尔接到一两封信，因害怕给别人“招灾”，也怕给自己“惹祸”，就没敢回复。但浩然和杨啸的通信却始终未断。这也从一个侧面反映出他们之间相互理解、信任以及关系密切的程度。

在浩然和杨啸的通信中，许多抬头和落款都没有用人们所熟知及惯用的笔名，而是使用鲜为人知的原名。杨啸是这样解释的：使用鲜为人知的原名作为抬头或落款，有时是因为感到这样更亲切；有时则是因为在那个年代，经常会发生信件被偷拆的事，一旦发生了这样的情况，不同的抬头和落款会使偷拆信的人不清楚是他们两人之间的通信。

浩然的子女在收集书信的过程中，许多浩然的老朋友不是没有留信的习惯，就是因为搬家等原因而遗失，杨啸虽然也经历了几次大的搬家和政治运动，却把浩然写给他的信基本完整地保留了下来。杨啸向浩然的子女说：像浩然和他这样，从青年时代起直到老年，一直保持不间断通信这样的情况，是不多见的。这些信件，能基本完整地保存下来，是不容易的。在“文化大革命”期间，他随时有被抄家的危险，便把多年来的日记和一些珍贵照片，全都忍痛烧掉了。但对浩然写给他的信件，却无论如何也舍不得烧掉。当时，浩然的情况比他那里要相对稳定些，不大会有被抄家的危险；于是，就把浩然写给他的信和一些别的认为极为珍贵的资料，趁一次出差的机会，都带到了北京，由浩然代为保存。

浩然并没有把自己那里看作是最为保险的地方，而是把杨啸转移来的物品和杨啸等人写来的书信及一些书籍，分期分批地转存到蓟县农村岳父家，直到“文化大革命”后期，形势彻底稳定下来，才把它们又拉回到自己的家中。在后来的岁月里，这些书信被浩然从北京市内拉到了通州镇，又从通州镇拉到了三河。在三河，又跟随自己从“泥土巢”最后搬到了洵河湾，也因此才有了现在浩然与杨啸间的 457 封通信。无论是当时，还是后来；也无论是浩然，还是杨啸，他们都不会想到这些书信在现今的史料价值。他们当初费尽周折地将这些书信到处“转移”，为的就是自己心中

1999 年杨啸和浩然在三河合影

的那份情，那份虽非一奶同胞，却情同手足的那份情。现在看来，这些长达半个世纪的往来书信，既有着相当大的文学价值、史料价值，同时也是半个世纪兄弟情的一个有力佐证。

2013 年 12 月，《杨啸文集》由中国文史出版社出版，其中第 21 卷，就是杨啸在半个世纪中写给浩然的 299 封信件。《文集》出版后，曾有记者以《浩然、杨啸：创当代作家情谊之最》为题，专门撰文对浩然与杨啸间的通信做出如下评价：

> 从青春才子到皓首老者，当代著名作家浩然、杨啸一生相交相知，直至浩然 2008 年病逝，长达 53 年。半个世纪来，不论是顺境还是逆境，二人相隔千里，互通书信不断，除部分遗失的，仅保存下来的就多达 457 封，创下当代作家兄弟情谊之最。
>
> ……
>
> 记者了解到，能在半个世纪保持通信不断，除去部分遗失的保留下来 450 余封之多，浩然、杨啸应是中国乃至世界文坛的特例。这些通信既有兄弟惦念也有文章切磋，同时触及当时文坛作品与事件，具有一定的文学价值、史料价值，为当代文学留下了一个别样标本。

2016 年 11 月

人 物

徐盈、子冈与青年记者协会

——兼述二人在重庆的新闻活动

徐　东*

1937 年，“七七”抗战的号角在卢沟桥响起之前，我的父母——徐盈和彭子冈已作为《大公报》记者去江西苏区采访了。他俩对于这片红军到过的神奇的土地，十分向往，就在《大公报》的指派下，赴江西考察国民党在老苏区搞的所谓“农村复兴事业”。他俩从赣州出发，一人一辆自行车骑往瑞金、宁都、渝水等地。目睹国民党进占后的惨象，及当地人民压抑、麻木的神态，二人先后写出了《瑞金巡礼》《赣东风雨》《浙赣的春天》《南见新影》《赣南的剖面》《赣北的一环》《赣江纪程》等文。

在《瑞金巡礼》中徐盈写道：“中山先生的耕者有其田的主张，我们实在不该永远漠视，土地问题不解决，农民问题不会结束的。”

此后，徐盈又转入安徽，重点考察了芜湖的米市，黄山的茶区，连续发表通讯，揭露了帝国主义和封建势力对中国民族经济的合力摧残。

“七七”卢沟桥事变发生后，北平沦陷，徐盈为《大公报》写下了《笼城落日记》《动乱中的北平》等抗日报道，并参加了时任《大公报》采访部主任范长江组织的战地记者团。子冈则在王芸生的引荐下做《大公

---

* 徐东，著名新闻记者徐盈、彭子冈之女。

匪後鳥瞰

瑞金巡禮（下）

瑞金巡禮（上）

幾個問題的探討

記「斫柴崗」

本報旅行記者 徐盈

徐盈、子冈去江西老苏区采访后，为《大公报》撰写的部分报道

报》外勤记者，并独立主持编一份《妇女前哨》。

1937 年 10 月，青年记者分赴各战区采访，年仅 25 岁的徐盈经天津乘船至烟台，在中原大地上观察着，在《大公报》上连续刊载通讯《渤海之滨》《今日的山东》《潼关一瞥——民众热烈欢送抗日军队出发》《欢送川军》《平汉南段巡礼——展开我们的种麦运动》等文。徐盈的这些采访，反映了各地民众的抗敌爱国热忱及抗战初期的政治、经济、人文动态。

之后，徐盈又受范长江指派，渡过黄河，先去山西前线采访朱德总司令，又往有诸多将领所在的五台山，最后奔赴西北战场。

在赴山西的路上，他看到南下的火车上满是达官贵人的箱笼，而北上的青年却在风雨中高唱救亡歌曲。一路上，他还见到作家周立波、舒群、史沫特莱，听他们讲了一些西安事变及周恩来的惊险故事，印象很深。

十月的太原，人员稀少，满地落叶。经十八集团军办事处主任彭雪枫介绍，在盘旋的山地中，徐盈见到了任弼时、徐向前同志，并采访了设在五台山的八路军战地总司令部。徐盈很幸运，在山中一片大白杨林中的小楼里，单独同朱德总司令彻夜长谈。“朴实如农夫，慈和若老妪，严肃似钢铁”的朱总司令，对这个年轻记者谈到抗战初期八路军的战略战术和群众工作经验，阐述了敌后游击战争的战略战术及国共两党关系等问题。

徐盈受到极大鼓舞、启发，采访后迅速写成《不堪回首话山西——炮火声中踏上五台山》《朱德将军在前线》《战地总动员》《在西战场》《请看今日之山西》等战地通讯，并很快登在《大公报》上。

离开山西，他又沿陕甘新公路到兰州，采访谢觉哉、杨静仁等中共人员。他还走到甘、新交界处的星星峡，考察了当时被称为“中国复兴根据地”的大西北诸省，考察当地的战时政治、经济状况及民族、宗教问题。之后，他写了《抗战中的西北》一书，由生活书店于1938年3月出版。徐盈的战地通讯，善于从宏观角度反映某战区的双方力量对比、战略战术特点及民众动员情况，在当时的战地通讯中别具特色。周恩来曾专门夸奖此书对研究西北的民族、宗教问题有价值。

1938年夏，徐盈从西北回到武汉，加入中国青年记者协会，并和子冈双双加入中国共产党。实际上，加入战地记者团之时，徐盈、子冈已是“青记”早期的骨干和储备力量。

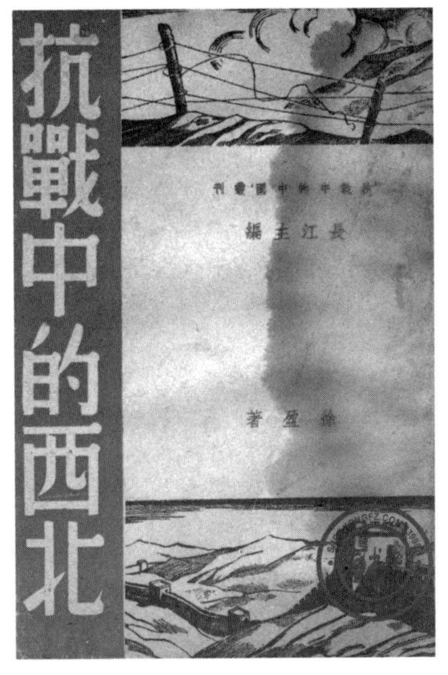

《抗战中的西北》书影

不久，便发生了一个重要事件：范长江在组织战地采访的过程中，较多暴露了政治倾向，国民党压迫《大公报》，报社高层便压迫他辞职。他在离开之前，约子冈、徐盈密谈，着重谈了三点：一、不要轻易离开《大公报》（本来他们两人要去延安，周恩来同志也认为坚持在大公报也很重要）；二、

天津《大公报》时期的徐盈

要争取青年记者协会得到公开活动；三、一定要尽量为国际新闻社扩大稿源。

范长江所讲的“国际新闻社”，是抗战初期设在上海的，由国共合作的进步文化、新闻界人士组成。实际上由中共地下党员胡愈之、范长江、孟秋江主持，已成为中共的宣传喉舌之一。

1938 年 10 月 25 日武汉失守，徐盈、子冈随《大公报》入川。12 月 1 日，重庆《大公报》发刊，徐盈任采访部主任。

1938 年 1 月，《新华日报》在武汉创办，子冈夫妇很快与新华日报社的刘述周、石西民相识，并成为好友。

由于战争原因，《新华日报》停刊后又于 1939 年春天复刊。周恩来通过徐冰向徐盈、子冈传达指示，要他们带动《新华日报》的外勤记者，帮助《新华日报》在采访中打开局面。徐盈在自述中回忆：“因此，只要《大公报》能去的地方，我们就把《新华日报》也带了去并肩作战。石西民、刘述周、刘白羽、周而复等都当过《新华日报》记者，都有过这种经历。”

当时，徐盈和《新华日报》编辑部副主任徐迈进等协商，决定抓紧组织“青记”重庆分会。但由于形势复杂，鱼龙混杂，受新闻界“地头蛇”干扰，工作无法进行。显然，“青记”分会要在国民党反动派的“陪都”活动，必然要经历激烈的斗争。

1939 年，“青记”总会从武汉迁到重庆张家花园 34 号办公。驻会的傅子琛、冯英子受到来自国民党反动派方面的压力很大。

党组织指示“要徐盈等多做工作，分头齐进，打开局面”。但在筹备“青记”重庆分会的会议上，谈来谈去是一个领导权的问题：从我方看来，有几个国民党新闻“骨干”一个都不吸收，全部排除在外；在他们那一边，扯来扯去是非要进来不可，要么我组织，要么我解散。

最后此事通过筹备小组，暂把“国方”的一小部分记者吸收进来，“青记”重庆分会才算宣告成立。

1942年，在国民党反动派非法封闭青记总会的这段时间，“青记”还是做了不少工作，为“国新社”组织了大量抗战救亡的稿件，出版了教育青年记者的期刊，《新华日报》通过青记会员深入群众，组织了越来越大的通讯网。

必须提及，徐盈在重庆的七年，除从事记者工作外，还在周恩来同志直接领导下，为使“青记”在重庆开展活动，突破国民党对《新华日报》的封锁，在复杂的政治环境中与各方面周旋。不仅团结、争取了一批进步记者，还承担了提供资料的任务。在董必武同志参加联合国成立活动之前，他为之搜集、提供了所需的各种资料。

重庆大轰炸后子冈在废墟上留影

他在大后方陪都，将一些有影响的、众人关心的经济信息及时提供给后方。如，中美在桐油问题上达成协议；玉门油田被发现；战时交通运输成为影响全局的大问题；欧战爆发，影响波及后方经济……

他不仅是战地记者，还逐渐成为权威的经济记者。

抗日战争进入相持阶段后，徐盈的报道重点转到经济领域上来，当集中了我国工业百分之七十的沿海地区沦于敌手之后，能否在基础薄弱的内地重建工业基地，以支持长期抗战，成为夺取胜利的关键。徐盈这一时期认真研究、认真报道了爱国的实业界、知识界及劳动群众投身后方建设的情况及大后方出现的经济建设热潮。

他写当时内迁的工厂和企业家、银行家，如北方的永利、久大，黄海化工集团的范旭东、李烛尘、侯德榜等多达几十人，他写后方的卢作孚，称赞他是“最坚决从事抗战的工业家”，他的《中国的工业——滨海工厂是怎样内迁的》一文，盛赞民族实业家及其普通职工的抗日热忱，他说：“这是中国工业上的敦刻尔克，是血泪交织的大场面。”

他热情报道当时卓有建设成绩的爱国科学家和工程技术人员，如詹天佑、茅以升、赵祖康、石志仁、凌鸿勋、黄汲清、吴任之等。

“青记”于 1939 年初向进步记者发出号召，在经济方面要“宣扬我大后方农工交通、金融业等调整进步情形”，以鼓励国人坚定抗战必胜信心。

经济方面，徐盈的新闻写作对象也集中于国统区的现实报道，如 1939 年的《挽救丰灾》，1940 年的《记油田》《瞻驿运》《中国化学工业》《抗战中的经济动态》等，都是抓住前后方最迫切的问题报道了最新动态。“丰收成灾”“油是一滴油一滴血”“恢复驿运不是倒退，是维系抗战供给的生命线”，这些提法十分透彻地深入到后方人民心中。

同时，徐盈对国民党压制民族工业政策的揭露也极为深刻。《四川的四川》一文中他写道：“当千辛万苦有货出世时，‘虚盈实税’对工业资本的桎梏重重，不能不使人叹一口长气。”这“虚盈实税”的根子是国民党的通货膨胀政策。

对国民党政府的腐败及“贪”，徐盈在《大公报》上常以小说、小品文等形式予以抨击、讽刺。还有长篇连载，如写吃人社会的约三十七回小说《鸡犬家》（整理遗稿时发现还有好几回未找到）。有人称徐盈为“反贪标兵”。

子冈和女儿徐东（本文作者）、儿子徐城北（右）合影

在重庆的七年，徐盈一直遵照周恩来同志“多交朋友、多做统战工作”的教导，广泛采访经济学界人士，如马寅初、千家驹、狄超白、谷春帆、章乃器等，好的文章就在《大公报》的《星期论文》上发表。

熊复同志曾回忆，为了抨击国民政府经济政策，许涤新同志也曾和“信息来源丰富”的徐盈共同工作，接触较多。他们曾先后采访结识了黄炎培、吴蕴初、胡子昂、缪云台、胡厥文等几十位有影响的工商企业家，请他们在报纸上介绍企业情况。《大公报》曾以工商信息多，评论切中时弊受工商界欢迎，这不仅基本做到“青记”的要求，也为中共团结工商界人士起到了桥梁和媒介作用。

关于“青记”，徐盈一直在执行周恩来同志及上级对他的要求，带动《大公报》的外勤记者帮助《新华日报》在采访中打开局面，突破国民党对《新华日报》的封锁。

1940 年，在重庆青年记者协会已无法展开活动的时候成立了重庆市外勤记者联谊会，中央社外勤记者田玉振任总干事，徐盈任副总干事。

联谊会对每个外勤记者抢新闻有利，我党的领导也可发挥作用。当然，特务记者也有钻了空子的，捞一些他们打小报告的“资本”。

1944 年，重庆市外勤记者联谊会又遇到来自外界的一些麻烦（中央社），联谊会就不解而散，无疾而终。

1946 年，在外勤记者采访中共、国民党、美军三方面委员会及北平军调处执行部消息时，成立了北平市外勤记者联谊会。

此会成立之后，首先能做到的是争取把中共方面的宣传品散到各外勤记者手中，登否是另一回事。这样，让新华社记者、《解放日报》记者得以深入外勤记者之中，进行活动，所得便利就更多了。

特别是学生运动，《大公报》是中心，作为联谊会队伍出现，对跑新闻很有利。

总之，徐盈参加过的外勤记者联谊会，在重庆是由中国“青记”演化出来的纯粹的外勤记者组织，当时《新华日报》的记者多半参加，而北平的外勤记者联谊会同中国“青记”毫无组织关系，其成员比重庆的更多而复杂，道路更加曲折。

综上所述，徐盈在山城，是工作在“时局的中心，消息的总汇，政治的复杂焦点上”。他在从事职业记者工作的同时，在周恩来同志直接领导下，为党做了许多工作。他帮助《新华日报》的外勤班子打开局面，力求共同突破国民党对《新华日报》的封锁，在各条战线的采访中为之“引路”；他为使“青记”在重庆开展活动，在复杂的政治环境中与各方面周旋，争取、团结了一批进步记者。

徐盈虽然当时在社会上名声日益显著，“但从无骄矜之色”，他谦虚、谨慎、低调，从无虚伪之状，无愧是一位为党的新闻事业作出成绩的新闻界前辈。

2017 年 12 月

人物

朗宁家族跨越大洋和世纪的中国情怀

——在美国新闻大师西默·托平家做客侧记

姚景灿*

2017 年金秋九月，我有幸随湖北文史档案考察团，一行六人赴加拿大、美国进行交流访问。其间，我们专程前往纽约市北郊风光旖旎的斯卡斯代尔小镇，拜访了中国人民的老朋友、享誉国际的新闻大师西默·托平、奥黛丽·朗宁·托平夫妇。

一

当车子穿出林荫大道，刚刚拐往那幢绿树掩映中的乳白色别墅，我们就远远看见两位老人早已站在门口迎候。

宾主相见，二老精神矍铄，十分兴奋，与我们热烈拥抱，就像久别重逢的朋友。两位老人的中国情怀，缘于朗宁家族与中国的渊源。

奥黛丽·朗宁·托平的祖父哈尔沃·朗宁和祖母汉娜·诺雷姆，于 1891 年来到襄阳开设基督教会鸿恩会，创办了这里最早的新式学堂鸿文书院、最早的女校淑华女子书院和最早的西医鸿恩医院，传播了西方现代

* 姚景灿，湖北省襄阳市政协文史委副主任。

文明。他们家族有九人出生于襄阳，祖母汉娜·诺雷姆和姑祖母等三人逝于襄阳，永远留在了中国。

奥黛丽·朗宁·托平的父亲名叫切斯特·朗宁。据襄阳市档案馆的档案和相关史料记载，切斯特·朗宁于 1894 年 12 月出生在湖北襄阳，是吃中国奶娘的奶水长大的。他 13 岁那年随父离开襄阳定居加拿大。1922 年至 1927 年，他受聘回到襄阳，担任襄阳鸿文中学（现襄阳市一中）校长。1945 年至 1951 年先后任加拿大驻华使馆首席外交官和代理大使，是用英

1898 年，切斯特·朗宁（左一）与父母和兄妹在湖北襄阳樊城时的“全家福”

语向世界发布新中国成立消息的第一人。后来，他为推动加拿大与新中国建交作出了重要贡献，加拿大前总理克雷蒂安称赞他是“中加友谊的奠基人”。他是周恩来总理的朋友，20 世纪 70 年代初中加建交之后，他曾数次受周恩来邀请以国宾身份访华。朗宁一直视中国湖北襄阳为自己的故乡，每每以“湖北佬”自称。他的著作《回忆革命中的中国——从义和团到中华人民共和国》曾在西方社会引起强烈反响，被誉为“是一个对中国人民有着深刻了解并充满爱心的人，为本世纪中华民族作的写生”。

奥黛丽是切斯特·朗宁的三女儿，当年就读于南京金陵女子大学，曾是美国《国家地理》杂志资深摄影记者、著名作家、纪录片撰稿人、雕塑家和中国问题专家。她多次访问过中国：1972 年尼克松总统访华期间，她是美国 NBC 电视台《中国报道》节目评论员；1973 年 10 月曾与其父陪同加拿大总理特鲁多访华；还是第一个见证秦始皇兵马俑发掘的西方记者。

她的丈夫西默·托平，是美国《纽约时报》前总编辑、普利策奖评审委员会前任主席，美国哥伦比亚大学国际新闻学教授，中国问题专家。托平曾于 1946 年以国际新闻社记者身份派驻北平报道中国内战，1948 年在南京加盟美联社，是第一个把中国人民解放军占领南京的消息向全球报道的美联社记者，也是“文革”期间第一个获准单独采访周恩来总理的美国记者。其著作《在新旧中国间穿行》为西方研究中国问题的必读书目之一。十多年前他受聘为清华大学新闻与传播学院国际顾问团主席。

2008 年 10 月，奥黛丽、托平夫妇带着他们家族的第四代和第五代，受邀访问了湖北襄阳，并向故乡捐赠了大量珍贵的影像和档案资料。

在美国朋友家里做客，对我们来说还是第一次，大家无不感到新奇。让人意想不到的是，走进这幢小楼，整个房间的布置，到处充满中国元素，洋溢着中国文化的气息。四壁悬挂着中国名人字画和他们在中国拍摄的风光、人文摄影作品，壁橱里展示的是具有中国传统文化意味的物件。

茶具是中国青花瓷壶、杯，待客的饮料不是咖啡、可乐，而是香气四溢的中国红茶。所有这些，无不显示着主人浓郁的中国情怀。老人热心地带着我们参观每一个房间，这让我们大开眼界，各种书籍占满了房屋的大部分空间，可谓琳琅满目，足可以与一个相当规模的图书馆媲美。

二

故乡客人的到来，让两位世纪老人显得格外兴奋。托平热情地同我们回忆起 40 多年前在他家里的那场中国朋友聚会。

那是 1971 年 11 月，联合国以压倒多数票通过决议，恢复中华人民共和国的合法席位之后，中国政府以外交部副部长乔冠华为团长的代表团，首次来到纽约参加第 26 届联合国大会。

得知这一消息，远在加拿大阿尔伯塔卡姆罗斯市的切斯特·朗宁立即乘飞机赶到了纽约。中国终于重返联合国，标志着中国在重大国际关系事务中取得的关键性突破，他希望能在纽约与来自中国的老朋友们会面，一起表示庆贺。

切斯特到来后的第一件事，就是兴冲冲地对西默·托平、奥黛丽·朗宁夫妇说，在中国有个用请客的方式分享快乐的风俗，哪个家里有了喜事、大事，都会邀请亲朋好友们来聚会。他提议邀请中国代表团成员到家里来做客，共同庆祝中国恢复联合国合法席位这一振奋人心的大事情。

聚会的时间定在 12 月 13 日，这天正好是切斯特的 77 岁生日。老人家激情满满地告诉大家，没有什么比中国重新在联合国取得席位更珍贵的生日礼物了！

为了这次聚会，乔冠华推迟了回国行程，黄华因出席联合国安理会会议不能到场，但他时任常驻代表团顾问的妻子何理良，另一位中国代表符浩和即将在尼克松访华期间担任翻译的唐闻生应邀而至。

谈到这个故事，托平笑着说起中间的一段插曲。那是中国政府代表团的官员首次到美国百姓家里做客，客人还没到，斯卡斯代尔的地方警察、纽约市的警察还有联邦调查局的特工先登门造访了。这些人满脸狐疑地问着同一个问题——“中国人要来了?”附近的邻居们也好奇地过来想看个究竟。因为冷战时期的中美关系基本上处于隔绝状态，在这里，许多年来没有多少人见过中国人。奥黛丽不得不一拨儿又一拨儿地领着这些人观看摆好的午宴餐桌，给他们解释道，“这只不过是一个生日派对。”当中国客人们快到门口时，这些人才自动散去，警察们也撤到树篱后面的绿树丛中担任起安全保卫工作来。

家宴气氛热烈，充满欢声笑语。大家围坐在客厅壁炉旁的餐桌，追忆着共同度过的美好时光。大家畅饮着乔冠华他们带来的茅台和家里准备的红酒、香槟，品尝着奥黛丽亲自烹制，由孩子们端上餐桌的火鸡、牛排之类丰盛的食品。这是一个重逢喜聚的时刻，充满了朋友相伴的温馨和快意。切斯特·朗宁当年在重庆使馆工作时就与乔冠华熟识，几个月前访华时，乔又参与了对他们的接待，两位老朋友的兴致格外高涨，频频举杯对饮，用中文互致祝词、谈笑打趣、猜拳行令。感觉这不是在纽约，而仿佛是在遥远的中国。对托平来说，那热烈的场面至今历历在目。

三

奥黛丽有过数次访问中国的经历。她不无自豪地告诉我们，让她最难以忘怀的是曾经受到过周恩来总理的几次接见。

第一次是在 1971 年 5 月。从加拿大外交部退休的父亲，在收到了周恩来总理的特别邀请后访华，她陪同前往。那次，她同父亲荣幸地登上天安门城楼，参加了气势恢宏的“庆祝五一国际劳动节焰火晚会”观礼，并亲眼见到了中国人民的伟大领袖毛主席和多位中央主要领导。

1971 年 5 月，周恩来总理在北京会见并宴请切斯特・朗宁及其女儿奥黛丽・托平

那次访问期间，他们受邀在人民大会堂参加周恩来总理的小范围宴请。周总理在门外迎接，热烈地与父亲切斯特拥抱，说道："我永远忘不了你在日内瓦为我们所做的一切。"

他们一起在江苏厅用餐。江苏是总理的故乡，总理问他们有没有看到湖北厅，那个厅命名的省份是朗宁的出生地。他们说没看到，总理耸了耸肩膀笑着说："好吧，我带你们去看看。但是这个地方太大了，我也不记得它在哪个位置。"

她将这次会谈内容和对周总理的采访记录立即进行了整理，连同周总理和父亲谈话时拍摄的照片发回美国，上了多家主流媒体的头条。那是新中国时期，西方摄影记者第一次近距离拍摄到中国总理的照片，《纽约时报》在头版刊登了五张周总理的照片。后来，她拍摄的周总理的照片在全球多家杂志作为封面出版，包括《生活》《新闻周刊》和《国家地理》。

她在那天晚上的日记中写道：和周共进晚餐不仅是享受美食，还能感受到他言语中的智慧和风趣。他很放松，非常俊朗，看起来比他 70 多岁的实际年龄要年轻许多。他身上流露出机智和平易近人的魅力，感觉就像一个虚拟的棱镜，向周围闪耀着光芒。同时，他又沉稳而有威严，折射出内心的力量，这种力量应该就是新中国本身的写照。

在周总理的建议下，随后几个月，他们乘火车、汽车和轮船行走了 7000 多英里，在导游带领下游览了中国的许多地方，包括回到父亲的出生地湖北襄阳，为祖母扫墓。

第二次见到周总理是在这年的 6 月下旬。她身为《纽约时报》副总编辑的丈夫托平，得到周总理的特批，在他们回国之前前来中国访问。她十分感谢总理的特别关照和细心安排，让他们得以在中国相聚，而且在那里度过了她 42 岁生日。

他们在北京周边和东北访问三周之后，她和托平再次受邀在人民大会堂与周恩来共进晚餐，他们用茅台向周总理敬酒致谢。周恩来真诚地表示愿意接受托平采访，并允许发表采访内容。让她记忆深刻的是，总理详细阐述了中国政府对台湾的长期政策，将通过和平互信的方式统一台湾岛。她不无感慨地说，她发现当周总理和一群像她父亲这样的老朋友在一起时，显得非常放松和愉快；当他接受她丈夫西默·托平这样的记者采访时，他就变得警

奥黛丽·托平拍摄的周恩来总理照片出现在美国《新闻周刊》的封面

1973 年 9 月，奥黛丽（左）将自己的著作《东方欲晓》签名赠送给周恩来总理

觉和严谨起来。他阐明政治观点，有着敏锐的机智和充满魅力的幽默感。

她和父亲切斯特最后一次见到周恩来，是 1973 年秋随加拿大总理皮埃尔·特鲁多访华。那是中加建交后特鲁多的第一次国事访问。

她和父亲于 9 月 23 日先期抵达北京，第二天晚上在人民大会堂接受周总理的宴请，总理和他们进行了长达四个小时的交谈。她将自己出版的新作《东方欲晓》签名赠送给总理，那是一本精美画册，内容是她之前在中国各地访问时拍摄的纪实照片和观感。

10 月 10 日，她和父亲一起随周恩来等中央领导人到机场迎接特鲁多访华团的到来。在机场贵宾厅他们合影留念，一起参加那次欢迎仪式的还有邓小平、李先念、萧劲光等。她清楚地记得，父亲那天特地换上一身深蓝色的中山装，那感觉不像是特鲁多的先遣特使，倒像是一个中国人在家门口迎候涉洋而来的客人。

在周恩来为特鲁多访华团举行的欢迎晚宴上，中国军乐队开始演奏加拿大国歌。周为了向父亲切斯特表示敬意，让他站在中国总理和加拿大总理中间。军乐团用中国切分音演奏，特鲁多一时没能听明白，便问父亲切斯特："他们在演奏什么？"当父亲切斯特唱起加拿大国歌来作答时，特鲁

1973 年 10 月 10 日，切斯特·朗宁（左四）、奥黛丽·托平（左二）等与周恩来、李先念、邓小平、萧劲光在北京首都机场贵宾厅，迎候加拿大总理特鲁多访华团一行

多很是惊讶。

那次他们与周总理分别于北京火车站。特鲁多一行结束了北京会谈之后，要乘火车到洛阳等地访问。在为特鲁多举行的盛大欢送仪式上，周总理与他们握手道别。因为周总理将就此与他们分别陪同特鲁多访问，而他们也要按先前的计划去内蒙古、新疆等地旅行。周总理握着他们的手再次表达真诚的谢意，热情地说："感谢你们为中国所做的工作。"那一刻，她感到无比骄傲。

1975 年 9 月，她和父亲切斯特、姐姐美美返回中国，打算拍摄一部由加拿大国家电影委员会播出的影片。遗憾的是周恩来患了癌症，住进医院治疗。尽管他们十分想再与周总理见上一面，但终因种种原因而未能如愿。说到这里，奥黛丽眼里隐隐流露出一丝淡淡的忧伤。

四

我们给老人带去了两件礼物。一件是精美的黄鹤楼造型屏风摆件，我告诉他们，当年他们的祖父母刚到中国时，曾经在黄鹤楼下的武汉生活过一年，她的大伯父内琉斯就出生在那座城市。另一件礼物是我的《朗宁的中国心》书稿清样。我告诉他们说，这是我多年来潜心研究朗宁家族与中国渊源的成果，准备申报正式出版，该书序言采用的就是奥黛丽所作并送给我的那篇《朗宁家族的中国情结》。两位老人翻开散发着墨香的样书，爱不释手。虽然他们读不懂中文，但看到书中的插图，那些记录着他们的先辈在中国生活工作的老照片时，激动之情溢于言表。

2017 年 9 月 20 日，本文作者在奥黛丽（右）、托平（左）家做客

为了表达谢意，二老不顾年事已高，腿脚不便，忙碌着在家里寻找能够回赠的礼物。奥黛丽拿出她的著作《中国使命》《鹦鹉查理》（中、英文版）《东方欲晓》。她说，其中的《东方欲晓》摄影画册就是她 1973 年当面送给周恩来总理的礼物。托平也拿出了自己的著作《冷战前线》，那是他 1946 年至 1949 年在中国国共内战前线采访报道的结集。两位老人热情地为我们每个人签名赠书。

奥黛丽亲切地拉着我的手笑着说："我的父亲 90 岁生日是在他的出生地你们襄阳过的，2010 年托平在中国重庆过 90 岁华诞时，你代表故乡参加了他的生日宴会，我明年也将过 90 岁生日，希望你还能来参加。"我们大家一起高兴地预祝老人生日快乐，健康长寿！并在门前合影留念。

尽管老人为我们准备了一桌摆满丰盛食品和红酒的宴席，热情地挽留我们在家里共进晚餐，但由于行程安排时间所限，我们只能依依握别。

当那幢小楼即将从我们的视线消失的时候，透过车窗回头望去，两位老人还站在门口，不停地挥着手为我们送别。那感人至深的一幕，瞬间在我们的记忆中形成定格而无法挥去。

2018 年 9 月

人物

寻步巡程

——记我的外公宾步程

夏超一 *

我的外公宾步程，原名宾孝聪，出生在湖南东安冷水滩大树脚村。听宾家大表哥讲，宾家家境贫寒，靠曾祖父当轿夫养活全家。外公排行老大，下有五个弟弟一个妹妹。少年宾步程读私塾时，每日中午都是由妹妹给他送饭。因为穷，怕遭人笑话，衣衫褴褛的她只能和她的这位大哥哥约好在距私塾较远的地方把饭放下，然后呼唤一下掉头便跑。因为穷，外公交不上学费，曾被私塾先生扣留书担，族人设法说情才得以归还。

宾步程是外公的学名，据说是当年湖广总督张之洞亲赠。现在当地还流传着宾步程得名的故事："同村文姓学生在两湖书院月考中为张之洞赏识，破格命其寻求一位家乡学友前来伴读。宾孝聪得到信息恳求父母将四分水田变卖，并得到买家的 200 铜元赠款以作路途和学习的资补。临行前他母亲对他说：'我家贫穷，衣食不支，如今倾家中所有，为你交学费，学不成，不要来见我。'为了节省盘缠，他一路风餐露宿，步行千里来到武昌。张之洞见他如此吃苦耐劳大加赞扬，就给他取了'步程'的学名。"

* 夏超一，宾步程外孙。宾步程（1880—1941），字敏介，号艺庐，湖南东安人。同盟会会员。实业家，报人。历任南京机器制造局局长兼火药局局长、湖南公立工业高等专门学校校长、湖南省造币厂厂长等职。1932 年在长沙创办《霹雳报》。

就是这一步一程，开启了他传奇的一生。

与黄兴同窗

两湖书院是晚清时期湖北省的最高学府，光绪十六年（1890年）四月由张之洞于武昌营坊口都司湖畔创建。书院招生尤为严格，只有两省才学优异者方能入院学习。每期大考，张之洞均亲临主持。书院还将成绩优秀者派送至国外留学深造，为近代中国培养出大批优秀人才。到1898年已“一洗帖括词章之习，惟以造真才济时用为要归”，开设经、史、地舆、算学四门，分日轮习，后来还有化学、博物学、兵法、兵操等课程。著名科学家华蘅芳、邹代钧等都曾在此任教。宾步程在这里与黄兴等成为同窗。1902年张之洞兼管全国学务，积极推进留学事业，自己也率先从湖北选送学生。首先选派留日师范生，黄兴等被选中。再选派江南陆师、水师学堂各8人，分赴德、英学习陆海军，宾步程入选。1903年另由继任湖广总督端方从湖北选派学生赴美、德、俄三国，其中赴德8人，宾步程也在其中。端方于光绪二十九年（1903年）八月初六上奏获准。这样，宾步程先后由张之洞、端方选拔出国深造，成为20世纪初年清政府第一批公派的留德学生。

在《黄克强先生逝世纪念》一文中宾步程回忆道：“不佞与先生为两湖书院同学有年，每日闻鼓上堂（两湖书院甚大，每日以击鼓为号），挟书上课，课余高谈雄辩，极尽青年之乐境，此情此景，历历如在目前。当梁节庵师选派先生往日本学习师范时，先生再三邀我同去，以为时机稍纵即逝，节师许可，无如黄仲弢先生，坚谓不佞非师范材，将来送往德国学习陆军，不久即由两湖派送新办之湖北将弁学堂，未及半载，即与武备学堂七人，一同奏派出洋，并指定学骑兵。”

宾步程留学德国专攻军事，却弃武修文，“困守高工者十年”。黄兴留学东瀛专习文科，却投笔从戎，后任中华民国陆军总长。但宾步程与黄兴的交情非同一般。

黄兴在广州起义失败后流亡南洋，因缺乏川资欲归不得。他想起了宾步程这位两湖书院的同学，于是去函向其筹款。因在此前两湖留德同学为孙中山筹款事曾被叛徒出卖，此次筹款大多数同学不敢为之。宾步程先生只得与江苏留德学生如王鹗、李鼐、高孔时等十余人共筹得 2000 马克，汇至南洋。黄兴得此款后即前往日本。辛亥革命成功后，黄兴任中华民国陆军总长。遵照孙中山之意登报觅宾步程先生担任上海兵工厂厂长，“因久未至，委陈君去焉。迨余闻讯至南京，改委金陵兵工厂厂长。”“至民五先生以积劳成疾，遽告不起。治丧之事，不佞亦参与其中。”

在老友黄兴逝世十八年后，宾步程借文吐出内心的苦闷：“屈指光阴，已十八周年矣，回忆与先生同学两湖之时，一般砚友，至今已寥如晨星，现在所存焉者，如周君道腴、陈君凤光、辜君兰生、李君紫嘘、宾君古愚等数人而已。”由此可见两人为生死之交，自古情深是同窗啊。

留学德国，资助孙中山

当时留德学生一般安排在柏林和夏洛腾堡居住。德国联邦档案馆保存的一份文件，详细记载了中国留学生在德国的居住地址，宾步程先生居 Berlin，Werftstr. 13 II。

初到德国时，宾步程学习陆军。据说他“曾全副武装参加万米赛跑，这在今天恐怕职业足球队员都视为畏途，而出身湘南山区的宾步程并非文弱之辈，没有给中国人丢脸”。但他深感“兵战不如商战”。决心利用德国在第二次技术革命中崛起、工业技术雄居世界前列这一得天独厚的优越条件，改入柏林帝国工科大学学习机械工程，着意于“兵学制造”。所以，他称得上是 20 世纪中国最早一批的理工科留欧学生。

在全国政协文史资料研究委员会编印的《辛亥革命回忆录》(中华书

局1963年4月版）中有一篇《朱和中遗稿》，作者朱和中（1881—1940，国民党政要）在文中详细讲述了宾步程参加同盟会，筹款资助孙中山革命的故事：

宾步程在德国留学期间

是时宾步程先生方提倡组织留学生会，而我适往比京[1]，宾颇怪之，问我曰："何以往比京？"我说："有要事相商。"宾曰："有何要事？"我说："十一年以后告知你，此刻不谈。"是时比京同盟会组织奉总理命加以扩充，进展甚速，几于全体学生有十分之九加盟。迭函催问柏林进展情形，予以缓进较稳答之。未几留比学生冯启钧加盟，乃函告留德学生刘家佺。

刘以告宾，宾立即访予，进门且笑且骂曰："朱子英，我要打你。"我问何故，宾曰："你往比京所做何事？你说十一年告知我，今不到十日，我已晓得了。"予漫应之曰："晓得了又将如何？"宾乃正色曰："请孙先生来柏林一游。"予曰："难。"宾曰："何难？"予曰："有三件事，做得到则可请，否则不必。"宾曰："哪三件？"予曰："第一须担任费用。"宾曰："不难，同人正有钱。""第二须守秘密，不令满人得知。"宾曰："更不难。""第三最重要。"宾曰："为何？"予曰："须真心参加革命。"宾曰："谁非真心？"予曰："须赌咒（即宣誓）。"宾曰：

① 比京指比利时首都，即布鲁塞尔。——编者注

> “你们可以赌咒，我们就不能赌咒吗？你说的三件事都不难，我以留学生会长资格召集同人商之。”……于是分途进行，旬日之间，百枚马克纸币雪片飞来，予均汇总理，乃与宾商请总理来柏林之事。

这绘声绘色的叙述，仿佛历历在目。但那个年代这可是杀头之罪啊！这一年宾步程 26 岁。

之后，叛徒将此事密告清朝驻德公使荫昌。7 月 18 日宾步程接荫昌手函云：“有事相商。望明日或后日午前约十一点钟来署面谈。此颂近祺。荫昌手励。”宾步程与朱和中相商，认为荫昌此约恐非美意，不去不可，但是去有无危险，不得而知。他临危不乱，怀揣一把手枪，只身进入使馆，等候半个时辰后见到荫昌。当时双方对默良久，荫昌先是坐在榻上，半晌不语，后又移至窗前还是不语。宾步程问他，荫昌方才说道：“有人说你参加革命党招待孙中山，有这回事吗？”宾步程回答：“有这回事。孙中山是中国人，我是留德学生会会长，凡中国人到这里来，都有招待之责。至于说我参加革命党，没有这回事。”正是由于宾步程的临危不惧、大义凛然，才化解了这次危机。此后不久孙中山途经新加坡到日本，以兴中会和华兴会为基础，联合其他革命分子，组成中国同盟会，提出资产阶级民主革命政纲和三民主义学说。孙中山离欧前苦于川资无所出，宾步程多方筹措，还借用留德学生会会金，为孙中山筹办了路费，而他自己则在后来的两年里省吃俭用，陆续还清了会金。

宾步程在德国度过了八年留学生涯，在此期间他还参加过实习和考察，遍访欧洲 20 余个国家。宣统二年（1910 年）宾步程归国。他在德国时，曾娶一德国女子为妻，并育有两个儿子。于是曾祖母骗宾步程说自己身体欠佳，来日不多，要其回国回家见面。但他的那位德国夫人却坚决不同意，嫌弃中国贫穷落后，夫妻二人发生了纷争。最终，秉性耿直、脾气倔强、百善孝为先的宾步程决然孤身一人踏上了归程，此后他再没回过德国，和妻儿天各一方。据我的母亲宾晓冰回忆，在大树脚的老房子的墙上，挂有一张德国妈妈的照片。日本人来了，放火烧了房、书和那张仅存的照片。对他来说，终于完全失去了念想和联系，只留下无尽的牵挂与惆怅。

宾步程归国后，并未急于参加清廷“游学生毕业生考验”求取功名出身，而是担任粤汉铁路长沙—株洲段工程师。那时的中国正值如火如荼的辛亥革命。湖南长沙的光复在全国激起了千层浪。宾步程这位为此作出过贡献的同盟会老会员，此时却在忘我地装配着中国的火车头。当时中国使用的火车头都是从国外购买的，运到国内以后还要高价聘请外国人重新组装。风华正茂的宾步程经过努力学习钻研及多次试验，完全掌握了火车头的结构，成功地装配了进口的火车头，节省了一大笔开支。

在《湖南光复纪念日之感想》一文中宾步程写道：“是日黎明时，亲驾火车由北门（按：即北站）往株洲。经过小吴门，而四十九标之兵士，不明真相，以为内中必有满清大员趁机逃脱，放枪如雨。而车头被受弹伤，试一检查现在该路旧火车之锅炉，其弹痕或尚历历可数也。幸吾开车最速，未及于难，亦云幸矣。”从此，大家就送他一个绰号“火车头”。

民国初年执掌金陵机器局

在我们家中还有一份民国元年“临时大总统”孙文和“陆军部总长”黄兴共同署名，颁发给外公宾步程的委任状影印件。正文是：“今委任宾步程先生充金陵机器局局长　此状”。原件现存于台湾中国国民党文化传播委员会党史馆。照说此类委任由“陆军部总长”黄兴一人签字加印颁发即可。而唯此状罕见签有“孙文”亲笔并加盖“中华民国临时大总统印”，足见三人关系之特殊。时年宾步程 35 岁。

对于惊心动魄的大革命历史，宾步程在《艺庐言论集》中的《我之革命》一文有回忆：“清光绪乙巳年，余在德国留学，对于孙中山先生在

委任狀

令委任賓步程充金陵機器局局長

此狀

孫文

陸軍部總長黃興

中華民國元年三月十五日

孙文颁发给宾步程的委任状

欧组织革命事业，身历其境，知之甚详。自辛亥鼎革以后，秘密者变为公开，各人著作虽多，对于在欧情形，颇有不尽之处。即中山先生传略，亦仅云开第一次会于比京，加盟的三十余人。开第二次会于柏林，加盟的二十余人。开第三次会于巴黎，加盟的十余人。即邹鲁君所编中国国民党史稿，亦仅云朱和中回柏林，刘家佺宾步程先生等，复请总理至柏林云云。但此中有大关键，知者甚少，惟蔡孑民君前为家母撰寿文，略为及之。兹将总理在欧经过情形，叙述如后，以备编史者作为参考之材料。”

续而又说道：“民元革命成功，总理嘱克强访余，不知住址，登之申报。余于二月得讯，驰赴南京，就兵工厂厂长之职。总理见面时，就谈及柏林汇款事。至民二南京独立，余为克强向上海禅臣洋行定购枪炮子弹，议将定，而克强离宁。余亦为袁世凯值探知购军械之事，密电缉拿。至汉口时兵工厂长刘国庆，告我密电原委，即行返湘。继思此事不可畏怯。乃走谒汤芗铭，询其真相。渠云，以后不再妄动，当可无事。随即返里。三年任湖南高等工业学校校长，四年水口山矿局梁鼎甫局长辞职，荐我自代，总局邓局长同意，呈报汤芗铭。汤云某系孙党，在欧洲时我知之甚详。该局工人数千，万一率领暴动，可以燎原，须另觅人可也。自后余无所进行，困守高工者十年。”

清末开创留学先河，然留学日本和德国者却为反清提供了中坚力量。宾步程便是其中一员。中华民国成立时他当然万分高兴，“当民国元年元旦

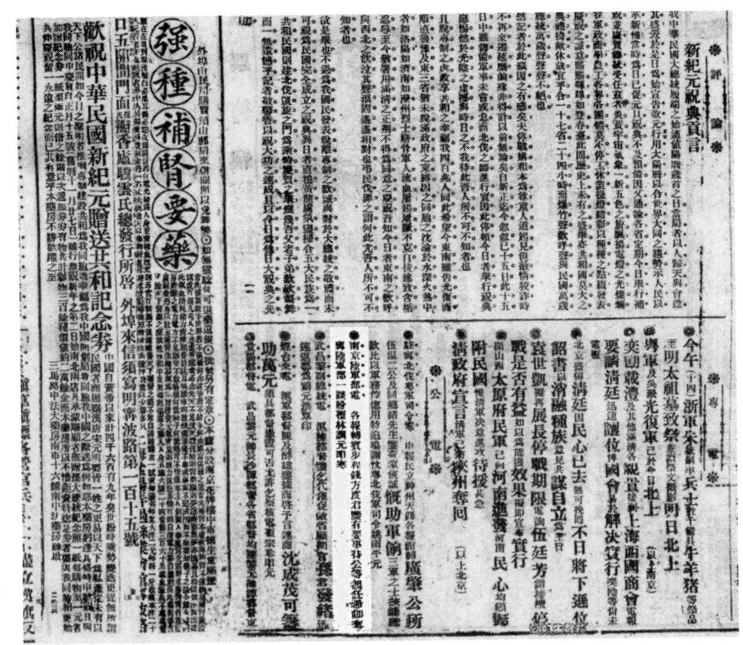
評論
新紀元祝典頌言
專電
今年浙軍宰牛羊猪
王明太祖墓致祭 明日北上
粵軍及吳淞光復軍已於今日北上
奕劻載澧及其他滿清各親貴
要請清廷讓位 國會解決實行
清廷民心已去 不日將下遜位
詔書 滿蒙種族 謀自立
袁世凱再展長停戰期限
戰是否有益 效果 伍廷芳 實行
太原府民軍已與河南進攻 民心歸附民國
滿政府宣言 待援 徐州奪回
公電
南京陸軍部電 各報轉賓步程錢方度君暨有要事 陸軍部 林
助萬元
沈成茂
強種補腎要藥
歡祝中華民國新紀元贈送共和記念券
外埠來信須寫明甯波路第一百十五號

《申报》登载的访寻宾步程出任要职的电文

日，孙总理在南京就总统之职，不佞亦随诸伟人之后，参与盛典。当时之心志，欢喜到十二万分田地。”（《民国二十三年之元旦》）然而，短暂的激情欢喜之后宾步程落入了“困守高工者十年”的无奈谷底。

“困守高工者十年”

现在湖南大学的前身是湖南公立工业专门学校。

民国三年（1914年），德国对俄、法、英宣战，第一次世界大战爆发。中华革命党在东京举行成立大会，孙中山正式任总理职。袁世凯公布《报纸条例》，限制言论自由。这一年，宾步程受湖南公立工业专门学校的聘请出任校长，并将原址在河东落星田的学校迁到了岳麓书院。后逐步发展演变成为湖南大学。应该说宾步程也是湖南大学最早的校长之一。种种不测风云和历史浪潮把这位一心只想实业报国的热血青年宾步程“困”

在高工十年。

这十年中，宾步程将工业专门学校的规模和教学水平推至大学的水平。为打开学生眼界，他聘请德国人任教。在台北国民党档案馆中至今完好保存着当年宾步程与德国教师所签合同的中英文文本。据湖南大学政治与公共管理学院许康教授著《继往开来的工程教育创新者——纪念宾步程校长逝世六十周年》所载，宾步程在任期间开设的专业有机械科、土木建筑科、采矿冶金科，并招有机械班、应用化学班。在学制方面，采用的是预科一年、本科三年。在本科阶段各个专业的课程安排如下：

机械科课程：应用力学、水力学、应用化学大意、机械制造法、发动机关器、船用机械学、冶铁学、制造用机械、计划及制图、工厂管理法、工业经济、工业簿记。

采矿冶金科课程：测量学、分析化学、地质学、吹管分析、矿物学、岩石学、采矿学、冶金学、冶铁学、选矿学、采煤法。

土木科课程：测量学、地质学、力学、建筑工程学、材料强弱学、桥梁学、水力学、计划及制图。

此外，微积分、机械工学、电气工学和实习是各科学生都必修的。各专业课程大体比照外国工业专门学院和国内大学的工科课程。教材也多采用英文原版教材。这些专业后来都成为湖南大学最重要的学科。可以说，工业专门学校的成立与发展为湖南大学的学科建设特别是理工科专业的发展打下了良好的基础。在学校的硬件设施方面，学校设立有附属机械工场、铅印部、化验室、试金室、图书管理室、药品仪器管理室等。这在当时全国的工业专门学校中都算是相当完善的。

十年间“高工”培养了大批工程技术人员，“为民族教育事业的发展作出了难得的贡献。唐伯球、范澄川、刘岳厚、欧阳镜寰、柳敏、向德等科技专家，以及中共早期党员何孟雄、周炳文、军事干部王尔琢、黄鳌、邓乾元等均出自该校，赢得了‘中国南七省第一校’的美誉。”前湖南大学校长赵跃宇认为宾步程先生是湖南大学这所千年学府发展过程中非常重要的一个人物。

1920 年 1 月 19 日，毛泽东、罗教铎、杨树达、朱剑帆、罗宗翰、张怀等联名呈北京政府总统徐世昌《湘教职员请撤惩张敬尧》一文中写道："……当去岁四月，上海和会有撤换张督之提议，张恐位置不保，嗾使已故湖田局长徐清泰，前长沙知事稽炳元，约各校长会议，讽令发电挽留，以发给学款为交换条件，迫各校长签名。各校长以款本应由政府发给，而张督政治乖谬，手段卑劣，不欲被其溷污，于是工业专门学校校长宾步程，商业专门学校校长汤松，第一女子师范学校校长马晋羲，甲种工业学校校长蔡湘，第一师范学校校长王凤昌等，皆各潜往沪汉，以避其无礼之迫胁。……"（摘自中共中央文献研究室、中共湖南省委编《毛泽东早期文稿》）从此文中不难看出毛泽东等是对宾步程、汤松等知名校长"皆各潜往沪汉，以避其无礼之迫胁"对抗张敬尧的褒扬。

1937 年罗教铎、宾步程同为湖南人民抗敌后援会常委。

为岳麓书院制定"实事求是"校训

据我母亲宾晓冰讲，湖南岳麓书院的"实事求是"匾是外公宾步程题写。

1917 年，湖南公立工业专门学校（湖南大学前身之一）迁入岳麓书院旧址，校长宾步程将"实事求是"作为校训，制匾悬挂于讲堂。

2016 年 9 月我参访湖南大学时，湖南大学校办副主任张泽麟老师也谈及此事。关于宾步程手书"实事求是"校训，当时只是一代一代人口口相传，还没有找到直接的文字记载。难不成宾步程题写"实事求是"只是一个美丽的传说？经过笔者不断地挖掘考证终于有了下列发现，自认为可以证实宾步程题写"实事求是"确有其事。

岳麓书院“实事求是”匾额

湖南省图书馆藏有宾步程所著的《艺庐言论集》完整七册，该书主要收录了 1932—1934 年间宾步程为其创办的《霹雳报》日刊所撰写的社论。1934 年由长沙霹雳报社刊印。书中“初集三”第 255 页“附唱和集”收录有江中砥的一首《麓生随军剿匪驻萍，寄诗属和，即依忆回龙原诗韵答之兼呈敏师》诗。此诗是宾步程五十寿诞时（1929 年），与其门生的唱和诗作之一。作者江中砥，字浩湘、浩襄，湖南平江人，湖南工专机械一班毕业，时任水口山矿务局局长、建设厅技正。“敏师”即宾步程，他名孝聪，字敏介，又作敏陔、敏该，号陆庄、艺庐。其中有这样的诗句和注解：

书生仗策气如龙，立马郊原壮阵容。
草檄定应寒鼠胆，倾杯无那感萍踪。

曲闻流水知音在，赋到消魂别思重。

珍重师门求实语，相期直上最高峰。

（作者江中砥自注：敏师长麓校时，以实事求是榜其门，楹联有曰：“工善其事，必利其器；业精于勤，而荒于嬉。”）

这应该是迄今为止发现的关于宾步程题写“实事求是”校训最早的文字记载。

宾步程在其之前及以后所做文章中，也多次谈及“实事求是”。如1909年《上摄政王书》中亦有“实事求是”之语：“伏读各国报纸所载电文，称我国已提款三百兆元，为订造军舰于外国之用，外国各船厂，已纷纷运动，冀得承揽此事云云。夫目前为速兴复海军起见，所需舰艇诚不能不有资于外国。然军舰者，非常秘密之武器，各国通例，凡战舰不准外人登览，舰图不准外人披阅，一切船身之大小，及深浅行驶之速率，炮尊之多寡，与其口径之大小，皆不准宣布。其见于书报者，率非情实。其机密如是，诚有不得已发，使我国军舰一切购诸外人，无论邻厚我薄，彼等不肯为我发十全之力；即使彼厂为利益及名誉起见，实事求是，几与自造无异，而一切情形，为彼等所洞悉，他日苟以此等军舰，与彼国开战，情见势绌，虽中智以下，亦能决之矣。”

又如1932年3月31日发表在湖南《霹雳报》的《再来谈谈职业教育》一文中，谈及职业教育修业年限时，他指出：“视所学科目之难易为标准，并不一定规定三年。如德国各处所设之职业学校，有三年或数月毕业者。若不论‘大屦小屦’，一律三年，则难者不得效用，易者虚耗光阴，非善办职业教育之道也。以上主张，系实事求是。”

再如1938年5月23日发表在湖南《国民日报》的《补充“缩短教育期间之商权”意见》一文：“在初等教育以普及为主，在初级中学，视地方需要及国民经济状况为设立标准；在高级中学，以改进充实为主，不汲汲于数量之增加。高等教育，先从设置专修科入手，授以应用科学，养成专门人才。而社会教育，则注重民众教育，至于职业教育，则注重农业及改进本省原有之工业，而其优点，则在能以实事求是为教育施设目的。”

可以看出，宾步程十分尊崇“实事求是”。言之教育更必讲“实事求是”，学制要实事求是，教育施设目的仍为实事求是，与其所手订的湖南工专“实事求是”校训一脉相承，成为其教育主张的核心理念和精髓。

1943 年 12 月，毛泽东为中共中央党校大礼堂落成题词“实事求是”。

创办《理工》期刊　编写《中德字典》

100 多年前，身在德国的留学生宾步程做了两件在今天看来都不是很容易且意义非凡的事。一是创办《理工》期刊，二是编印出版《中德字典》。

1907 年宾步程创刊了《理工》期刊。以“工科”与“理科”并列题名期刊，《理工》为开创先河者。早于 1913 年“中国工程师之父”詹天佑主编的会刊，更早于庚款留美学生为主体的中国科学社办的《科学》月刊。

《理工》唯一署名的“编辑员”是宾步程，属“(中国)留德学会”。参加者有“留欧同志”，即留学欧洲的中国学生，编辑部设在德国柏林，印行于上海商务印书馆。同人忧国忧民，“居今日世界而无知识于理工科，是违竞争生存之例也”，故积极传播理工科知识，以“科学救国”为己任。刊物得到清廷驻德公使孙宝琦和随员江国珍等人赞助。宾步程在序中写道：

> 夫人有觉，故有物。有物，故有变。有变，故有例。例者果也，果同而因异，理科之术也。察物之欲，锡之自天。求例之需，成之

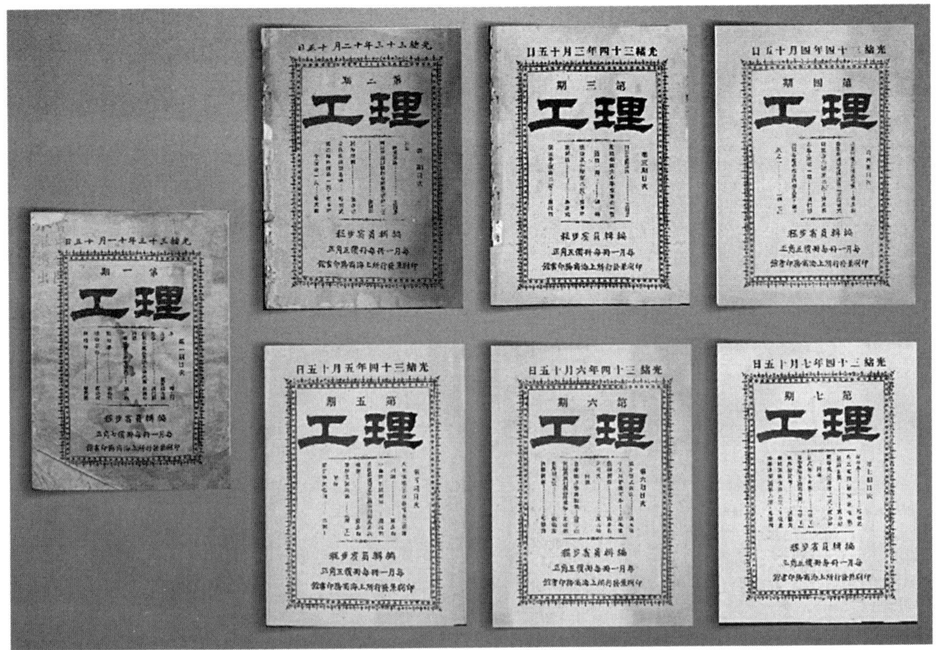

《理工》书影

自人。惟其欲盛，是以需至。衣食不能乏，居处不能缺，灾祸不能不避，济此者工科之用也。有人焉，入异国而不问俗，无意干禁而获罪，世必谓其愚矣。然而彼戴天覆地以不知之天之法生活之术而害其身者，亦与是何异。居今日世界而无知识于理工科，是违竞争生存之例也。理工科之与吾国之士风也。一则尚文，一则尚实；一则佶屈聱牙，一则循例而进；一则藉小智慧可以得功名，一则竭毕生之力而难尽。此盖千百年之积习使之，非吾国之幸也。诸同学忧之，于是作理工。

“宾步程等人遥居海外万里之欧洲，心系祖国，敢为天下先，将大学‘理科’和‘工科’知识合并介绍。比起杜亚泉、薛蛰龙、何天柱等人所办刊物，起点更高，知识更深，而且简称为‘理工科’，似属首次有这一说。他们将编辑和印刷发行部门分开，虽非首创（留东学生已有先例），但远隔万里的‘遥控’，经济上法律上胆子也够大。借助孙宝琦公使，除了经费的好处，肯定也包括便于在国内印行的考虑。一本 32 开本的刊物，印刷与携带都较方便。”(《湖南大学学报（社会科学版）》2008 年第 1 期）

《中德字典》——宾步程编纂的这本不大的字典——被出版史学者方厚枢认为是“我国最早自编的外语字典之一”。然而这本字典的出版却有着一段不凡的经历。

民国三年（1914 年）10 月，时任湖南公立工业专门学校校长的宾步程为再版的《中德字典》写的序中详细地讲述了这本字典有趣的“身世”。序中言道：“吾国自近年以来，各省学堂有以德文教授者，原因德国工业发达，实在各国之上。中国若欲研究其进步或改良之处，非先通其语言文字不可，然我国德文书籍素较英文为少。鄙人前往德国留学时代，曾译有中德字典一书，当时实为日记之作，并无出版之意。前湖北欧洲留学监督阎海明君期满归国，苦无留学生成绩以报鄂当道之命，逐私携鄙人之中德字典稿归，以献之前清鄂督端方。不知何故转落于天津李君兰甫之手，而发行于上海商务印书馆矣。既而鄙人在德得见此书，查其内容甚多误译，曾函恳该馆禁售，未见效。至民国元年该书再版，当时鄙人在金陵，再三

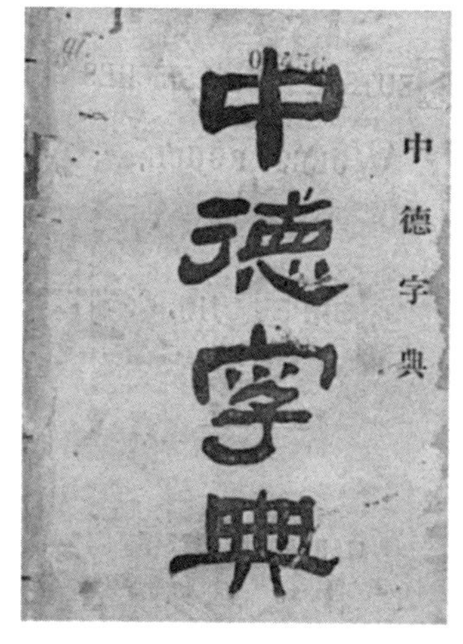

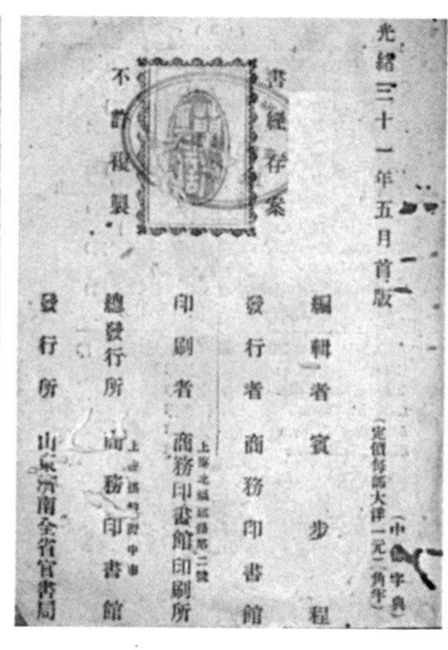
光緒三十一年五月首版
(中德字典)
(實價每部大洋一元二角半)
書經存案
不許複製
編輯者 賓步程
發行者 商務印書館
印刷者 商務印書館印刷所
總發行所 商務印書館
發行所 山東濟南全省官書局

宾步程编写的《中德字典》

函商，该馆允行停止发行。至二年李君又将该书权租与上海中华图书馆而三版矣。今春在湘垣书肆购阅此书，知其内容错误之处依然，仍旧遗害青年非浅鲜。鄙人即禁印无力，惟有勉力改正，重加增订，俾学子于习德文之时聊参助力，又中外文歧万难审定，如有译家再从而正之幸甚。”

台湾宾泽欧（宾步程侄曾孙）认为：“商务印书馆之所以出版这本个人自编的德文字典，应是与步程先生观察世界时势发现，有必要直接向欧洲新兴强国德国学习富国强兵之道，有着相同的体认。在 1906 年东方杂志上，商务印书馆对中德字典首次刊登的广告词是这么说的：‘吾国科学现渐发达，而世界高深学问以德国为最，故研究高尚之学必通德文，然后能造乎其极。宾君步程精通德国文字，编纂是书凡一万余言，通用要字已粗备，选择精当，措词明达；洋装布面装订美丽，卷末附有中德地名璧表，以便阅者查核，诚当今之要书也。现由本书馆专印发售，他人不得翻印。’这本字典，商务印书馆 1911 年又再版一次，足见国人对‘研究高尚之学必通德文’已有普遍共识，对德国‘科学’认知与‘高深学问’也殷殷需求。”

宁波大学外国语学院刘燕燕博士认为：“宾步程对德语语法的描述，在德汉双语词典编纂史上属于首创，具有重要的历史意义。一方面，编者开创性地描述了德语语法，对后世编纂德汉双语词典有着重要的借鉴作用；另一方面，字典收录了既能生动反映 19 世纪末至 20 世纪初德国社会状况和文化特色的词汇，又囊括了大量体现西方文明科技发展的现代性词汇。它是了解德国政治、文化、军事、宗教和社会风俗的一面镜子，也是关于汉语词汇用字、词汇演变史的原始资料，展现西方概念进入中国话语圈的过程。”

《中德字典》作为 20 世纪初出版的第一部由中国留德学生编纂的袖珍字典，虽然与现代双语词典还存在着一定差距，但不可否认的是，它开创了国人编纂德汉双语词典的先河，汉化了德语日常用语、词汇，促进了汉语的现代化进程。

1930 年国民政府在南京召开全国工商会议。宾步程作为湖南省的代表之一出席大会。代表们分六组议事，宾步程是“第三组审查委员”，委员有著名企业家或著名工学、商学专家共 38 人。20 世纪 20 年代末 30 年代初，市场竞争压力进一步加重，形势迫使工商业者必须奋起改革，谋求生产效率的提高，科学管理成为关键。今天看来，《提倡科学管理法以期达到实业合理化案》是那次全国工商会议最重要最有分量的学术思想成果。该案称：“科学管理法为促进生产、免除消耗并消弭劳资纠纷之方法，始于美法而流播于世界各国；实业合理化系就全国经济所为之整个计划，始于德国，而为国际经济会议所议决，希望世界各国共同采行。前者为手段，后者为目的。前者含义较狭……后者含义较广……”中国“欲抵抗外国之经济侵略，非发展国内工业不为功。而欲发展工业，使本国出品之质量数量与价值足与外货对抗，则舍厉行科学管理法别无他途”。

“科学管理”理念的提出从那次大会以后，再次得到国人的重视、研究和推行，要等到大半个世纪后的 20 世纪 80 年代了。宾步程等第三组的 38 位专家，走在中国工商管理现代化的超前行列，是引介的先驱。

奋笔疾书　呼吁抗战

抗战初期，宾步程担任湖南省政府委员、湖南全省人民抗敌后援总会主要负责人、难民救济总署主任，设难民救济所于各城市，并襄助中国战时儿童救济协会，创办浦市、东安两教养院，使难民免冻馁之苦，儿童得教养之所。卸职后，旋被聘为湖南临时参议会参议、湖南省高等顾问、军事委员会政治顾问，后又被推为湖南省参议会常任参议。

“九一八事变”后，宾步程感慨道：“我中国自九一八国难以来，虽经当道竭力应付，尚不足杜绝帝国主义者之野心。在今日不能谈革命，只能谈救国。不佞前与总理及先生协同革命工作，不无犬马之劳。今则国势日非，救国工作，不能不责诸后死者。若谈及救国之事，凡属国民，均有义务。范文正所谓‘天下兴亡，匹夫有责’。此种义务，任何人所不能推诿。救国之事多端，有航空救国、读书救国、国货救国种种，而言论救国亦为一般伟人所采及。老夫耄矣，不能执干戈以卫社稷。惟此五寸之笔，思欲奋发为文，以惊醒全国同胞，共起御侮。此情此理，可以昭告于天地鬼神，无亦为时人所忌。而今而后，惟有闭户读书，坐享太平之幸福，国家事又何劳我等担忧哉。克强先生九泉之下，谅亦闻而笑曰：‘敏陔今日，其既明且哲乎。’”（引自《黄克强先生逝世纪念》）

1932 年 7 月宾步程任《霹雳报》主编。有评论说该报“新闻夹叙夹议，庄谐并作，而又能摘奸发伏，快人心意，为长沙各小报中之先锋”。1933 年 3 月 4 日该报曾发表社论说：“今日党之威信，比之从前已一落千丈。党员之举动，人民对之久已敢怒而不敢言。”主张“取消国民党的各级党部，节省经费，减轻民困”。

1934 年 11 月 21 日他又发表社论《今日湘南人民》，反对在追击红军时实行“坚壁清野”，以减轻湘南人民的痛苦，引起震动。长沙警备司令部为此发表谈话，说什么“查坚壁清野，系奉委座（指蒋介石）行营电令遵行。虽我湘南民众灾劫之余，不遑苏息；然值此股匪离巢，正可乘机聚歼，不忍须臾之痛，必贻后顾之忧”。而“该报竟敢发为谬论，殊足淆惑听闻，妨害清剿”，罚该报停刊，对编辑人员判处罚金二百余元。1936 年 10 月，又曾主张给鲁迅举行国葬，次年初被彻底停刊。

为此，宾步程刻印章一枚“办日报四年作文三百篇接传票一纸罚洋二百圆”自嘲。

1937 年底，张治中接任省主席。《国民日报》改组，宾步程任社长，易君左任总编辑，张治中的秘书王茨青兼副总编辑。《国民日报》是湖南省政府机关报，在湖南抗日救亡运动中起了积极作用。在有关省政的大问

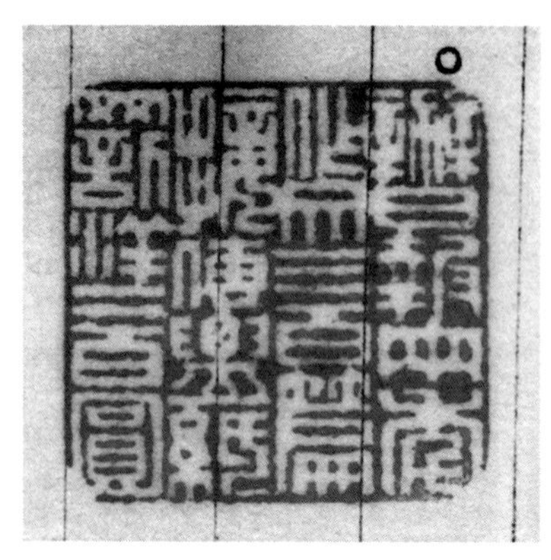
宾步程自治印章

题上，发表了一些有分量的文章，它动员新闻界起来为人民说话，一是揭露地方政治的黑暗，二是动员民众抗日，保卫大湖南。

宾步程在此期间发表了不少文章言论，充满对时局的不满、对当政者的不满、对社会风气的批判。

对时局，他在《平津危矣》中写道："我国家养兵三百余万，比全世界各国为多。若区区日本更望尘莫及。乃以东三省之大，不崇朝而失掉。热河天险，易守难攻，日本竟以一百八十名士卒入据。此外多伦、古北口、喜峰口、滦河等处，日人无不唾手而得。近且对于平津取包围之势，于数小时内即可取得。试问我国每年人民出如许多之血汗，豢养如许多之将士，其目的究竟何在？……"

对当局，他在《"不再前进"与"抵抗"》一文中指名道："汪院长谈中日问题云：'此次华北停战，我方抱定专讨论军事部分，不签订任何政治条件。'此话尤来得奇怪。夫日本入据东北四省，是否用政治条件，或系用军事力量，无论何人当然承认系用武力侵略。我既对于军事协议，则日本之志愿已偿。我国从前屡次宣言不与日本直接交涉。今日之协定签字是否矛盾？而罗外交部长亦言：'此次停战完全为军事方面，并不牵涉政治。故对抗日主张仍未稍懈。'此种欺人之语，不值有识者一笑。夫所谓抗日者，系用武力去抵抗。今协定上明明书明'不再前进'，'又不行一切挑战扰乱之暴动。'试问到哪里去抗日？恐怕枪口不久要掉转头来了。从此后日本对于满蒙炸弹平安吞下，而大陆政策已成，田中奏折亦逐一实现。毋怪乎中日亲善之空气又弥漫三岛矣。呜呼停战协议！呜呼东北四省！"

对社会风气，他更是完全无奈："自北伐以后，我湖南得到一句褒词，即‘若要中国亡，除非湖南人死尽’。时至今日我湖南人并未死尽，而我湖南人心则已死尽。试看热河正在酣战之时地，而我长沙各戏馆电影院每夜座位有人满之患。觉视热河之存亡与我湖南无甚关系之概。此外一般富商大贾、达官要人，非外国烟不愿吃，非外国布不愿服，每日酒食相征逐，赌博相往来。对于航空爱国捐，则又一毛不拔。非心死而何？吁！予欲毋言。”（引自《中国人心果死耶》）

一生为教育，办学办报终未停

姨妈宾琳回忆说，宾步程为自己定下过“三不原则”，即不从军、不经商、不涉政。因此办实业、办教育、办报刊成为他 62 年生命的全部。

宾步程一生追求科学教育。他不仅任湖南公立高等工业学校十年校长，还先后创办三所学校。

1913 年与雷铸寰等于长沙创办“濂溪中学”（后改为湘南第十三联合中学）。

1916 年湖南成立矿学研究会，当选首任会长，办《矿业杂志》，任社长。

宾步程任《矿业杂志》社长时的留影

1921 年于长沙成立“湖南私立明宪女子初级中学”，任校长。宾步程确立“明德所以亲民，宪章斯能立教”的办学宗旨，“明宪”由此得名；并提倡“公勇勤朴”之校训，沿袭于今。1944 年起增设普通高中班，成为完全中学，改名为湖南私立明宪女子中学。“明宪”阶段共 30 余年历史，为当时“长沙市实力最强之女校”，有“北有周南，南有明宪”之美誉。

1932 年办《霹雳报》，“以平生从事于钻锤斧凿烧煤加油之人，今亦欲伏案执笔，效文人学者论列天下之大事，适足以见笑而自点耳。虽然，各人有各人的见解不同，我不欲以文章鸣世，考据炫奇。”“纯粹以闲云野鹤之身，发为盛世危言之论。知我者谓我心忧，不知我者谓我何求。不过秉性激烈，下笔轻易，不顾对方之能否承受。一意孤行，无形中不知得罪了多少伟人先生。然而我之意毋他也，或者一般伟人先生谅而恕之。”真是一副民国知识分子铮铮傲骨风范!

1939 年任湖南省参议员的宾步程，经多次努力在湖南零陵办一所高级中学的申请终获批准。由宾步程主持，与同县席启炯等创办。开学后即因日军侵湘，学校辗转流离，迁到零陵双牌大路口的乌鸦山，即省立七中。当时什么也没有，百事待兴。他因地制宜，因地设施，艰苦建校，惨淡经营。虽历酷暑严冬，除参加省参议会外，不曾离校一步。

1941 年 12 月 27 日下午 3 时，他病逝于湖南零陵双牌乌鸦山省立七中。

国民政府行政院特令褒扬:“湖南省临时参议会参议员宾步程，早岁负笈重洋，精研科学，加入同盟，致力革命。归国后办理教育，培育英才，制造军械，力谋改善。袁氏称帝，守正不阿。近膺议席，论政建言，多中肯綮。不幸婴疾长逝，良堪矜惜。应予特令褒扬，以彰幽潜。此令。”（《行政院公报》1942 年第 5 卷第 6 期第 95 页）

宾步程，一步一程，在他 62 岁时走尽了全程。

2017 年 7 月

纪事

国家尘封档案中的家乡故事

阚　珂[*]

人有一种特殊的情感，不论他离开家乡有多久，一旦看到或者听到与家乡相关的信息，都会引起他的极大关注。这就是乡愁吧!

我1979年离开家乡——吉林省延边朝鲜族自治州，到现在已经38年了。自1986年吉林大学毕业至今的31年，我一直在全国人大工作。这几年，在因工作查阅档案过程中，无意间看到一些有关延边历史上的人和事的记载，感到格外亲切。这里，我俯拾全国人大历史碎片，讲述全国人大档案中的几则延边故事，从一个侧面来说明全国人大少数民族代表是如何参加行使最高国家权力的。

“我们以实际行动拥护宪法遵守宪法”

“我衷心拥护中华人民共和国宪法草案，完全同意刘少奇委员关于中华人民共和国宪法草案的报告。自从中央人民政府公布宪法草案后，吉林省延边朝鲜族自治区[①]人民，展开了广泛的宣传讨论，他们说：‘我们所

---

[*] 阚珂，第十二届全国政协委员，曾任全国人大常委会法制工作委员会副主任。

[①] 1952年9月3日延边朝鲜族自治区成立，1955年12月延边朝鲜族自治区改为延边朝鲜族自治州。

享受的民族平等权利，在国家根本大法里固定下来了，今后我们将永久享受这样的权利，我们坚决用实际行动维护这个宪法。'”这是来自吉林省延边朝鲜族自治区的第一届全国人大朝鲜族代表朱德海，在 1954 年第一届全国人大第一次会议 9 月 17 日全体会议上发言开头的几句话，它表达了包括朝鲜族在内的全国各族人民拥护宪法、遵守宪法、维护宪法的信念和决心。

在 1954 年 9 月 15 日第一届全国人大第一次会议的开幕式上，毛泽东致辞说:“这次会议具有伟大的历史意义。这次会议是标志着我国人民从 1949 年建国以来的新胜利和新发展的里程碑，这次会议所制定的宪法将大大地促进我国的社会主义事业。”现在，细细地想一下，在 60 多年前，能够当上第一届全国人大代表的，一定是各方面最具有代表性的人物；他们出席第一届全国人大第一次会议，参加制定新中国第一部宪法这样伟大的工作，对国家的前途、民族的命运和他们自己人生的影响都是巨大的啊！这第一届全国人大代表是多么的了不起啊！而朱德海就是这其中的一员。

我国是一个多民族的国家，为了在一院制的人民代表大会中，体现民族平等，保障少数民族有适当数量的人大代表参加行使国家权力，我国的宪法和选举法都对少数民族的人大代表名额问题作了特别规定。

我们知道，北京人民大会堂是 1959 年 9 月建成的，在这之前的第一届全国人大的 5 次会议和第二届全国人大第一次会议共 6 次会议，都是在北京中南海怀仁堂举行的。受怀仁堂场地容纳人数的限制，第一届、第二届全国人大代表总数都是 1226 人。据全国人大档案记载，第一届全国人大少数民族代表名额分配方案确定的少数民族代表名额是 150 人，其中朝鲜族代表 4 人。选举结果是少数民族代表 177 人，占代表总数的 14.44%，这其中朝鲜族代表 5 人，分布在延边 3 人、辽宁 1 人、黑龙江 1 人。当时吉林省（不包括长春市）的全国人大代表总数只有 11 人，来自延边的朝

参加第一届全国人大一次会议的部分代表合影

鲜族代表就有 3 人，他们分别是中共延边朝鲜族自治区区委书记、自治区主席朱德海，延吉县小营村农业生产合作社主任金信淑，延吉县英成村黎明集体农庄主席金时龙，这说明国家对朝鲜族人民参加行使最高国家权力给予了充分保障。

在我少年时代，父亲在延吉市政府工作，回到家里，有时说起政府工作会提到朱德海州长的名字，这样，我对朱德海这个名字慢慢熟悉起来。朱德海 1931 年加入中国共产党，“九一八”事变后，积极参加反对日本帝国主义侵略的斗争。1945 年日本投降后，按照党中央的指示，他从延安奔赴东北。延边朝鲜族自治州成立后，他是第一任州长。他为加强民族团结、推进延边的经济社会发展作出了重要贡献，受到延边人民的尊敬。

据全国人大档案记载，朱德海、金信淑、金时龙都是连任第一届至第三届的全国人大代表。朱德海是 1954 年第一届至 1964 年第三届全国人大

1952 年 9 月 3 日，朱德海宣布延边朝鲜族自治区（州）人民政府成立

历次会议的主席团成员，第一届、第二届全国人大民族委员会委员，第三届全国人大民族委员会副主任委员。金信淑是第一届至第三届全国人大民族委员会委员。那时，全国人大只设民族委员会和法案委员会两个常设委员会，只有少数全国人大代表能够成为这两个委员会的成员。朱德海、金信淑、金时龙担任全国人大的各种职务，体现了国家保障朝鲜族人民参加行使最高国家权力的政治安排。

朱德海代表在第一届全国人大第一次会议上发言的最后说："我们的宪法巩固了各民族人民革命斗争胜利的成果，集中地反映了各民族的共同愿望，并有力地鼓舞了各少数民族参加祖国建设事业的热情。我们决心以实际行动拥护宪法，遵守宪法，在中国共产党、中央人民政府和毛主席领导下，为完成祖国的社会主义建设和社会主义改造事业而奋斗！"

在这里还应该提到的是，朱德海是 1949 年新政治协商会议筹备会的代表，这个筹备会中只有 6 位国内少数民族代表；朱德海还是代行过全国人民代表大会职权的中国人民政治协商会议第一届全体会议的正式代表（当时还有候补代表），并当选为第一届全国政协委员。1949 年 9 月召开的中国人民政治协商会议第一届全体会议，协商建立新中国，是具有伟大历史意义的会议。在这次会议上，朱德海同志代表在中国东北境内的 120 多万朝鲜族人民作了发言，他说，在我们中国东北境内的朝鲜族人民，能够有权利派代表参加今天全国人民的政治协商会议，来共同商讨建国大事，这对于我们朝鲜族人民，是莫大的光荣与无限的鼓舞。我们坚决拥护会议的《中国人民政治协商会议共同纲领》《中央人民政府组织法》《中国人民政治协商会议组织法》三大文件，并为其彻底实现而奋斗！他在发言中还强调指出，东北朝鲜族人民是中华民族构成的一个部分，是中华各族人民大家庭中的一员！因此，我们东北的朝鲜族人民，就必须永远和中国国内各族人民团结一致，为建设新民主主义的新中国而奋斗！

金时龙代表创办全国第一所农民大学

20 世纪 60 年代，我在延吉市上小学时，就知道金时龙这个人，但不懂什么是人民代表大会，也不知道他是全国人大代表。金时龙是全国劳动模范，是延边农业战线上的一面旗帜，他 1951 年创办了延边第一个初级农业生产合作社，多次受到毛泽东、刘少奇、周恩来等党和国家领导人的接见。

据 1958 年 5 月 4 日《人民日报》头版报道，我国第一所农民大学——延边黎明业余农业大学在同年的 5 月 1 日诞生于延边朝鲜族自治州延吉县东盛乡。第一批经过考试入学的 51 名学员，都是几年来参加农业生产的高中毕业生和参加农业生产或参加基层工作 3 年到 8 年具有高中文化程度的青年农民和乡干部。学习年限为 3 年，设有土壤学、农业化学、农业生产机械学等 12 门专业课程。这就是全国人大代表金时龙在延边州和延吉县等各级党政机关支持、关心和有关方面帮助下创办的业余农业大学。据全国人大档案记载，当时，延边黎明业余农业大学请公社党委书记讲政治课，请社长讲经营管理课，请有水稻培育经验的业余大学学员讲水稻培育课，请延边农学院的教师讲授基础课，请有丰富经验的农民做生产实习指导。

据全国人大档案记载，在 1960 年第二届全国人大第二次会议 4 月 8

日的全体会议上，金时龙代表发言介绍了他所在的延吉县东盛人民公社农民业余教育的情况。他说，他们公社有公办全日制小学 9 所，初中 1 所，民办半日制农业中学两所（包括 1 个高中班），业余教育有小学 130 个班，初中 81 个班，高中 15 个班，业余大学 1 所。全社有全日制和半日制学生 4601 人，还有 2698 人参加了拖拉机、牲畜、水稻、园艺等 8 个业余专业技术学校的学习。全社平均每两户有 3 名小学生，每 3 户有两名中学生，每 30 户有 1 名大学生，全社出现了“人人忙生产，处处读书声”的动人景象。我在延边 20 多年的生活中感受到，我国的朝鲜族重视教育，注重礼仪，讲究卫生，能歌善舞。

用现在的话说，金时龙是认真执行代表职务的称职代表。据全国人大档案记载，他多次在全国人大会议的全体会议上发言。在 1962 年第二届全国人大第三次会议 4 月 12 日下午的全体会议上，金时龙代表发言介绍了他们是如何解决社员与社员之间分配上的平均主义问题、提高广大社员群众劳动积极性的。他介绍说，他们坚决贯彻各尽所能、按劳分配、多劳多得、不劳动不得食的原则，具体办法是：健全劳动组织，搞好评工记分，按活搞定额、按定额评工计酬，推行按活搞包工，并且建立责任制度和奖惩制度。在今天看来，虽然这些做法不免带有那个时代的烙印，但他们坚持按劳分配的原则、搞定额搞包工的做法和建立责任制的工作思路，仍然是难能可贵、值得肯定的。

据新华社 2002 年在延边朝鲜族自治州成立 50 周年时的报道，金时龙代表 1954 年 9 月到北京参加第一届全国人大第一次会议，晚宴时他所在的宴席上加了一小盘辣椒酱，这一尊重朝鲜族饮食习惯的安排细节使他激动不已。他从中体会到了党的民族政策。从这里我看到了当年全国人大的会务工作在各个细节上都考虑得非常周到。这样的工作态度、工作作风，我们全国人大的工作人员应该很好地继承。

战士舍身救朝鲜族母子

《中华人民共和国第二届全国人民代表大会第三次会议文件汇编》第二册，收入了第二届全国人大解放军代表团赵兴元代表的发言，其中一段内容引起了我的注意：“1960 年 10 月，某部战士王少华同志，正在山上劳动，看见了一只大黑熊在追一个怀抱小孩的朝鲜族妇女，眼看这母子二人有生命危险，王少华立即冲上去，赤手空拳与大熊搏斗，当逃出的朝鲜族妇女喊来附近群众援救时，王少华同志已被黑熊扑倒在地，身负重伤。”

赵兴元代表的这段话，让我马上回想到，小时候父亲给我讲过的《延边日报》报道的解放军战士徒手斗黑熊、舍身救朝鲜族母子二人的故事。父亲告诉我：战士在举起小锹第一下砍向黑熊时，由于用力过猛，小锹就脱手了，他是用拳打、用脚踢，勇敢地与黑熊搏斗。那时，我还不满 6 岁，没上小学，只认识很少几个汉字。但《延边日报》那篇报道配发的插图中战士只身与黑熊搏斗救人的画面刻在我的头脑中：一位年轻的解放军战士挥起军用小锹，一只又胖又高的大黑熊正扑向战士，战士身后是惊慌奔跑的朝鲜族母子二人。

干劲冲上九重天
热烈开展学习邢燕子、吕根泽的运动
徒手战黑熊　舍身救母子

《延边日报》的报道

赵兴元代表在发言中对这件事情的介绍只是寥寥数语，也没有交代事情发生的地点。

那么，这会不会是我记忆中 50 多年前发生在延边朝鲜族自治州和龙县的故事呢？能这么巧吗？还是另外发生了这样雷同的事情？赵兴元又是谁呢？为什么是他在全国人大会议上讲述这个故事？

故乡情结促使我一定要搞清楚这一连串的问题。用了几天时间查阅核实相关资料，又打长途电话请在延吉市的我中学同班同学到延边图书馆查到了 1960 年 11 月 12 日《延边日报》第三版关于这件事情的报道《徒手战黑熊，舍身救母子》后，我确认赵兴元代表在发言中所讲述的就是我记忆中这个刻骨铭心的故事。事情发生在 1960 年 10 月 12 日下午，地点是延边州的和龙县和龙镇公社太平管理区的山里，王少华当年 20 岁，是 1959 年入伍的四川籍战士，被救朝鲜族妇女叫金粉玉。赵兴元当选第二届全国人大代表时，是中国人民解放军沈阳军区某师副参谋长，并连任第三届全国人大代表。赵兴元代表的发言，介绍了沈阳军区支持地方建设情况和参加抢险救灾、舍身救人的几个生动事例，王少华救朝鲜族母子二人的事迹就是其中的一例。他在发言中说，每当祖国和人民需要的时候，虽赴汤蹈火，军队也都是勇往直前。

半个多世纪过去了，今天，我在全国人大档案中读到这个故事，勾起了我对家乡的思念。当年的年轻战士、现在已过古稀之年的王少华如今怎么样了呢？被救的朝鲜族阿妈妮您现在好吗？被救的儿童应该快到耳顺之年了，你在哪里？我很想知道他们的消息。

2017 年 8 月

纪事

父亲在786厂参加雷达检修工作述略

王逸峰 *

我的父亲王桂寿在20世纪50年代自愿离开上海去陕西参加“一五”计划建设，在西安786厂工作了将近30年。

母亲在2006年8月9日因突发脑溢血去世后，8月11日中午，举行了追悼会，8月12日上午，76岁高龄的父亲第一次给我讲了以前在786厂具体从事什么工作，而母亲直到去世也不知道这一切。他说，如果自己再不讲的话，家里就永远不会有人知道自己以前在干什么工作。

786厂是国家在“一五”期间建设的研制生产雷达的大型军工单位，属于当时156项大型工程之一，先后有30多名苏联专家在786厂工作。建成投产的时候，当时的苏联驻华大使尤金曾专门赶到西安参加开工投产仪式。1958年9月13日，新中国第一部高射炮炮瞄雷达就诞生在786厂。以后，又研制生产了地空导弹制导雷达等多种型号、不同用途的雷达，是我国最重要的雷达研制生产基地之一。1960年，国家主席刘少奇视察的时候，曾经赞誉786厂是国家的金豆子，全国就一家。

* 王逸峰，南通开放大学教授。

风餐露宿创业艰　天寒地冻终不悔

父亲从 1958 年底开始，由 786 厂选派参加了空军 130 雷达试验场的建设。当时，时间紧、任务重、要求高、难度大，父亲和同事们夜以继日地奋战。有时，利用其他同志已经休息的夜晚，父亲独自又往返奔波领取各种材料，他们终于在规定时间出色地完成了任务。父亲也因此成了 1959 年 786 厂的 10 位跃进红旗手之一，获得了“跃进红旗手奖章”。但是，由于赶时间、赶进度，父亲和同事们睡在数九寒冬、滴水成冰的露天野地里，父亲落下了老寒腿的病根，每到冬天和阴雨天就会发作。后来，虽然组织上专门安排父亲去临潼的温泉疗养院疗养，却始终难以根治。以往，父亲只是在冬天说自己腿疼，却从来不说是什么时间、什么原因落下的病根。直到 2007 年 2 月 4 日，在南通中医院的病床上，父亲才告诉我和医生自己老寒腿的来历，医生也唏嘘不已。

十万火急“消防队”　神州关山度若飞

从 1959 年开始，786 厂组建了负责雷达检修的机构。大约在 1961 年，经过严格的政治审查，按照思想正、作风硬、技术精的标准，在全单位七八千人中秘密选拔了 25 个人负责对 786 厂生产装备部队的雷达进行检修工作。每 5 个人编成一组，父亲编在第三组，负责雷达的汽油发电机的检修工作。这些人平时分散在各个部门，有任务时迅速集中，出发执行雷达检修任务。这 5 个雷达检修组不仅要承担和平时期的定期与不定期雷达检修任务，而且要随时准备上战场，承担战时雷达抢修任务。每一个参加雷达检修保障的同志都深知肩上责任的重大，每个同志都写下保证，上不告父母，下不告妻儿，随时准备为党和人民牺牲一切。用当时他们自己的话说，就是要把秘密带进棺材里。政治与保密教育以及专业强化培训进行了大约半年，父亲还被专门送到位于江苏泰州的汽油发电机制造厂培训了一个月。

母亲一直到去世都不知道父亲所从事的这项工作，我当然就更不知道。以前，我和母亲只知道父亲是维修电工，看到父亲经常义务地为周围邻居和同事修理照明灯具和电风扇等家用电器。除了分管领导以及共同从事雷达检修的另外 24 名同志外，单位里即使是同一部门、同一宿舍的同事以及左邻右舍，都不知道父亲在从事雷达检修工作。遇到其他人询问，统一回答出差去了，到北京去了。

接下来九年多的时间里，父亲和其他同志一道，上高山，下海岛，走大漠，进戈壁，过草原，从冰封雪飘的帕米尔高原到波涛汹涌的东海前哨，从大漠深处的航天卫星基地到椰林飘香的天涯海角，哪里有他们亲手锻造的千里眼，哪里就留下了他们的足迹，洒下过他们的汗水。即使是深更半夜，只要单位来人通知有任务，父亲都是抬腿就走，对有关情况历来滴水不漏，守口如瓶。久而久之，同一宿舍的其他人，即使没有共同从事雷达检修工作，心里多少也有点数，知道父亲可能从事着某项保密要求很高的工作，但也都从来不向父亲打听情况。

情况紧急的时候，父亲和同事经常万里赴戎机，关山度若飞，乘坐空军的安 -2 运输机穿云破雾赶赴指定地点抢修雷达。最紧张的一次，乘车到军用机场一看，跑道上停着 6 架教练机，检修组每人乘坐一架教练机，被紧紧地绑在后座上，前面坐着飞行员，其中一架飞机备用。引擎轰鸣，6 架教练机怒吼着冲上蓝天，风驰电掣地直奔千里之外，把他们这 5 名“消防队员”送去抢修发生故障的“千里眼”。有一次，赶赴兰州军区某部抢修雷达，下了飞机以后，部队派了一个排的兵力护送他们这个雷达检修组。

有一次，到酒泉基地维修雷达。兰州军区司令员张达志同志接见了检修组的全体同志，表示时间紧、任务重，这次基地里的雷达故障也比较严重。同志们保持了战争年代的优良传统。一声令下，立即行动，迅速赶到我们这里。我们这里各方面条件都比较差，环境也比较艰苦，同志们有什么意见和要求尽管提出来，我们一定设法解决，祝同志们顺利完成任务。但是，他们又怎么会提出什么工作以外的要求呢？检修组的同志执行雷达检修任务，每人每天的补助也只有三毛钱。在部队检修雷达，也照样需要支付伙食费。

浴血丛林扬国威　美军折戟又一回

20 世纪 60 年代，正是我国安全形势最严峻的时期，因此，战备检修工作极为繁重。台湾地区的 U-2 高空侦察机经常窜犯大陆进行侦察活动；东北、华北、西北的万里边防线上，由于中苏关系破裂而剑拔弩张，珍宝岛上更是硝烟弥漫。为了支援越南人民的正义斗争，我国政府严正声明，7 亿 5 千万中国人民是越南人民的坚强后盾，中国 960 万平方公里辽阔的国土是越南人民的大后方。从 1965 年到 1969 年之间，我国先后向越南派出了 32 万多人的部队，其中，高炮、雷达等防空部队有 15 万多人。1967 年，毛主席在听取援越汇报时，曾指示要加快对雷达、指挥仪的研制和生产。据原 798 厂党委书记兼厂长、时任四机部副部长的齐一丁同志回忆，这是当时粟裕同志在会议上向有关人员传达的，因为毛主席是在 7 月 7 日讲的，因此称为“七七指示”。[①]

其中，786 厂生产的雷达也经受了严峻的实战考验。在援越作战初期，我方的炮瞄雷达损失比较大。一些在越南战场被美军子母弹、百舌鸟导弹击毁的雷达也被秘密运回 786 厂。在防空部队指战员、技术人员、雷

① 《齐一丁纪念文集》编写组编著:《齐一丁纪念文集》，电子工业出版社 2004 年版，第 134 页。

现存于北京中国人民革命军事博物馆的 U-2 型高空侦察机残骸

达检修人员的共同努力下，认真分析雷达损失原因，找出对付美国“百舌鸟”反雷达导弹的办法。终于，总结出一系列有效战法，使美国的“百舌鸟”的命中率大幅度下降，变成了“百死鸟”。

为保证前线作战需要，860 雷达（单位内部称为“二号产品”）也在 1966 年提前完成了正样产品的试制、试验，并立即送往越南战场。经实战检验证明，860 雷达设计合理，实战效果很好，受到参战指战员的欢迎。随即，破例在没有设计定型的情况下，投入批量生产并迅速装备部队。在战火中，860 雷达的性能不断改进提高，成为我军当时在越南战场上唯一能够全天候开机的国产雷达。据统计，援越作战期间，仅在 860 雷达的指挥引导下，我军高炮部队就击落了 600 多架美军战机。1975 年，860 雷达荣立国家战功嘉奖。到 1978 年，我军配备的炮瞄雷达均为 786 厂研制生产。而且，860 雷达创造了我国单一型号雷达生产数量之最，到 20 世纪 80 年代，总计生产了 1500 多部，最高年产量达 180 部。该雷达也成为全世界生产装备数量最多的炮瞄雷达之一。根据上级部门指示，786 厂曾经向朝鲜援助了全套 860 雷达的生产技术。

786 厂先后派出了第四、第一、第二雷达检修组轮番参加援越作战。其中，第一组损失最大，派出了五个同志，牺牲了两个同志，还有一个同志被炸断了一只脚，后来安排在传达室工作。由于第一组损失太大，后来被撤销建制。父亲讲到这里，沉默了好一会儿。看得出，父亲陷入了往昔战火纷飞的峥嵘岁月的回忆之中。每一个雷达检修人员都是单位精选出来的骨干，他们在长期共同战斗和生活中用鲜血和汗水凝结的友谊，没有经历战火考验的人往往难以深切体会。青山处处埋忠骨，何必马革裹尸还。埋骨何须桑梓地，人生无处不青山。

父亲所在的第三组以及留在国内的其他检修组不仅承担了更繁重的国内检修任务，也和空军的同志以及技术人员共同研讨对付美国“百舌鸟”反雷达导弹的战法，随时准备赴越南参战。

经过几年的殊死较量，尽管使用了除原子弹以外的几乎所有先进武器，50 多万美军官兵先后投入越战的硝烟之中，美国对越南的军事行动仍然以失败告终，美国人不得不承认遭到了朝鲜战争以来的又一次失败。

20 世纪 70 年代中期以后，越南反华行径越来越猖獗。1979 年 2 月 17 日，我军被迫开始自卫反击。以后只进行了大约十年的中越边境防御作战。当时，我不太理解，平素不爱看电影、电视的父亲为什么对反映对越作战的影视剧几乎都从头到尾地看完，却一言不发。直到后来，我才深切地理解了。在援越作战期间，786 厂也承担了培训越南雷达检修人员的任务，而且向越南提供了一些价格昂贵的雷达装备。父亲在第四军医大学住院期间，曾见到了许多从援越战场转运来的伤病员。作为一名曾经随时准备参加援越作战的同志，耳闻目睹了许多同志血洒异国他乡的惨烈场面，中国人勒紧裤腰带，将许多新研制生产的装备宁肯自己不装备也首先支援越南兄弟，毫无保留地、手把手地指导培训越南受训人员。如今，昔日的同志加兄弟却兵戎相见。父亲的心情怎能不百感交集。

刺破青天锷未残　长空霹雳惊天雷

父亲回忆，在20世纪60年代自己作为786厂派出的雷达检修人员，曾经多次配属地空导弹营参加伏击U-2高空侦察机的作战行动。当时的纪律非常严格，连部队的番号都不能打听，所以，到底具体配属哪个导弹营、到哪些地方进行机动设伏，自己到现在都不知道。每次一接到通知就走，只有到了部队才知道是配属部队参加伏击U-2高空侦察机的作战。

U-2是美国第一种战略高空侦察机，装有73-B巨型航空摄影机，在2万米高空拍摄照片，可供判读的横向范围达150公里。照相清晰度很高，在1.8万米高度，地面人员的活动可以清晰地显示出来。如果在9000米以下，地面人员所看报纸的标题可经放大看到。飞机还装备了十分先进的电子侦察系统。航程达到7200公里以上，飞行速度快，飞行高度一般在2万米以上，极限高度可达22870米以上。当时我军装备的歼6型歼击机、59式100毫米高射炮等装备对U-2都只能望空兴叹。U-2高空侦察机也成为美国在冷战时期尤其是高精度侦察卫星广泛使用之前，对社会主义国家进行侦察活动的最重要的机型之一。我国台湾地区也从美国获得了U-2高空侦察机，抽调王牌飞行员组建代号“黑猫中队”（对外称“高空气象侦察研究组”）的飞行部队，专门对大陆重要目标实施侦察。美国也通过与我国台湾地区的情报共享机制，借机了解掌握我军以及苏联的雷达频率和防空作战规律。许多驾驶U-2高空侦察机对大陆进行侦察的飞行员都受到蒋介石、蒋经国等人的接见和嘉奖。

从20世纪50年代投入使用至今，U-2总共被击落了7架，其中5架是被中国空军地空导弹部队击落，俘获飞行员两名。中国是全世界击落U-2最多的国家，这一纪录至今仍然没有被打破。

据父亲回忆，U-2多次对大陆进行侦察活动，但是，要击落U-2的

1962 年 9 月 9 日在江西南昌附近击落的 U-2 侦察机残骸

难度相当大，我方也多次作战失利。1962 年 9 月 9 日，中国地空导弹部队在江西南昌附近首次击落美制 U-2 高空侦察机。飞行员陈怀身中弹片，跳伞着地后，经抢救无效于 10 月 2 日丧命。新华社第二天就发了消息：“美制蒋匪帮 U-2 型高空侦察机，于 9 日上午窜扰至华东地区上空，被我中国人民解放军部队击落。”

美国人通过收集我方雷达电子信号、反向分析等方式，破解了我方制导雷达的秘密。在 U-2 上加装了针对我方导弹制导站的电子侦察预警系统，称为“12 系统”。击落首架 U-2 后不久，U-2 多次窜犯大陆并成功绕离我军地空导弹的伏击圈。由于尚不了解“12 系统”的情况，电子反侦察难以实施。但是，经过分析发现，U-2 一旦发现被我方制导雷达盯上 20 秒钟以后，就会发出警报，从而改变航线，摆脱我方打击范围。查找出原因后，我方采取了压缩雷达开机时间等战术措施，实施近快战法。同时，786 厂党委集中技术人员的智慧，提出了一个“移花接木”的方案，即在地空导弹的制导站上加装一套炮瞄站的收发系统，用于迷惑敌机。一旦敌机进入导弹打击范围，立即启动地空导弹制导站，迅速发射导弹击落敌机，使敌机失掉及时逃脱的时间。经过反复论证，这一方案得到上级批准：可以试试。研制改进生产都以打破常规的战时速度进行。很快生产出一套改进型产品。然而，未经定型，无法验收，更谈不上交付部队。所幸上级听说试制出一套产品，指示：武器是用来作战的。产品能不能定型，要看它管不管用。既然造出来了，拉出去试试！把飞机打下来了，不就是定型了嘛！于是，786厂改装的制导站送交部队，接受实战检验定型。有关人员心里都是七上八下，既盼望着敌机出现，又担心改装后的装备贻误战机。

1963年11月1日，在江西上饶广丰县万罗山地区，使用786厂生产的炮瞄雷达（单位内部称为“一号产品”）探测跟踪目标，等U-2进入我方导弹射击范围以内，制导站突然开机，对空发射导弹，从发射到击落U-2，仅用8秒钟。这次作战又一次击落U-2，俘虏了国民党空军少校飞行员叶常棣。很快，中央广播电台和各大报纸报道：我防空部队在华东某地上空击落U-2飞机一架。几天后，一封加密电报电告786厂，表扬786厂产品首战成功！

另一大收获是，在飞机残骸中缴获了美制“12系统”。我方很快摸清了“12系统”的技术特征，找出了破敌之道，于是，“15号产品”应运而生。四机部王诤部长指示45天必须完成“15号产品”。这是当时最紧急、最机密、最重要的一项任务。经过有关人员的奋战，终于如期完成任务。最令人振奋的是，15号产品装备部队不久，旗开得胜，1964年7月7日，在福建漳州击落第三架U-2。12次驾驶U-2窜入大陆，4次受到蒋介石接见的飞行员李南屏当场毙命。

吸取连续被击落三架U-2的教训，国民党空军在U-2飞机上又加装了回答式干扰系统，同时还加装了红外线照相设备，开始夜间出动，频频对大陆实施侦察活动。由于U-2飞机施放欺骗回答式干扰，使我军导弹部队发射的3发导弹全部脱靶。经过反复研究，决定在制导雷达上加装新研制的反干扰设备，以对付U-2飞机上的回答干扰波形。1964年11月，地空导弹制导雷达“红旗一号产品”试制成功。1964年12月10日，国务院特种武器定型委员会批准该型号初步定型。1966年国家军工产品定型委员会批准设计定型，并批量生产。

“红旗一号产品”初出茅庐，就在实战中崭露头角，立下战功。1965年1月10日，地空导弹第一营在内蒙古包头附近首次使用红旗一号击落U-2飞机。这是我军击落的第四架U-2，飞行员张立义被俘。这是空军地空导弹部队第一次夜间击落飞机，该营被国防部记一等功。并且在飞机残骸中缴获并修复了当时世界上最先进的一套美国新型电子预警系统。

这次战斗后获悉，U-2飞机上新装的回答式角度欺骗干扰装置被美国人称为“13系统”，张立义在飞机被击中前一直没有看到“12系统”有任何报警反应，所以根本就没有启动“13系统”。

786厂科技人员破解了美制“13系统”，迅速研制出具有反侦察作用的对抗回答式干扰的电子对抗系统，并装备到正在研制的“红旗二号产品”制导站。经过艰苦努力，1965年，试制成功首套“红旗二号产品”样机，这是我国第一套自行研制的地空导弹武器系统。1966年夏，“红旗

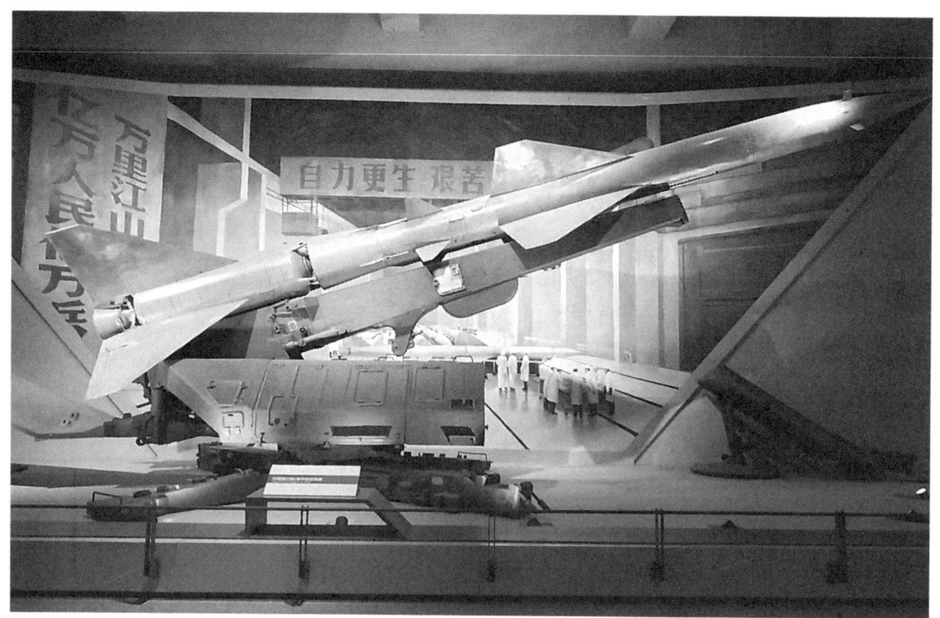

陈列于中国人民革命军事博物馆的红旗 -2 地空导弹

二号产品”经国家靶场试验合格后，开始批量生产。1967年7月，国务院特种武器定型委员会批准该系统设计定型。

“红旗二号产品”列装部队后，在实战中先后多次击落美制高空侦察机。虽然，美国方面又改进了“13系统”，让它无须飞行员操作而自动发射干扰信号。但是，天网恢恢疏而不漏，1967年9月8日，导弹部队第十四营在浙江嘉兴首次运用“红旗二号地空导弹”击落第五架U-2。

双方在万里长空斗智斗勇，导弹战、电子战、软打击与硬打击多管齐下。导弹部队在神州大地风餐露宿，押线卡点，机动设伏。作为参战的雷达检修组，伴随部队行动，经常一去就是一两个月甚至更长时间。检修组成员分乘两辆全封闭的闷罐车，其中，一辆车上住3人，另一辆装载油机的车上住2人。他们和导弹营保持了一定距离，由一名连长带队，乘坐汽车，随时准备提供雷达检修保障。有一次，他们所配属的部队从昆明出发，一路北上，在多个地点设置伏击阵地。当部队到达贵州仁怀地区的时候，突然发现一座桥梁塌了一半，导弹车队无法通过。贵州省委、省政府主要领导都迅速赶到现场组织抢修，就在此时，U-2已经从预定的设伏地点上空飞过去了。不久传来消息，另一个导弹营把U-2打下来了，他们也返回了昆明。

由于研制生产“红旗”地空导弹配套的地面制导站系统以及提供伴随雷达检修保障，为击落U-2高空侦察机作出了突出贡献，据父亲的一位同事告诉我，空军的一位副司令员专门来到786厂，主持召开庆功会，代表中央军委宣布了毛泽东主席签发的表彰命令。786厂也派遣李传常厂长与总工程师洪民光作为代表赴北京参加庆功会。1967年7月23日，他们在人民大会堂，同地空导弹第二营的指战员共同受到毛主席等党和国家领导人的接见。

1967 年 7 月 23 日，毛泽东在人民大会堂接见空军地空导弹兵“英雄营”全体指战员

牺牲岂止在战场　淡泊名利志无违

还是从父亲在 786 厂的同事杨长征同志口中，我才知道由于工作非常出色，父亲曾经获得了一次晋升两级工资的奖励。但是杨长征同志却不知道父亲在从事雷达检修工作，也不知道直接原因是参加伏击 U-2 作战有功。在七八千人的单位里，父亲和另外 24 位同志获得了一次晋升两级工资的奖励。但是，父亲和其中的另一位同志发扬风格，将自己的工资让给了生活困难的同志，将自己原本已经升到 80 多元的工资降到不足 60 元。

当时，感谢的大字报贴在单位的大门口。父亲经常说，要多和别人比贡献，少和别人比待遇，工作上、思想上要向高标准看齐，生活上要向低标准看齐。

由于各方面都非常出色，在1959年，父亲成为单位的西安市劳模候选人之一。但是，父亲坚决表示，成绩应当归功于集体，他只是做了自己应该做的事情，劳模还是评给其他人。

父亲在20世纪五六十年代转为干部编制，先后担任过多种职务，粮食定量也由39斤改为30斤。但是，父亲始终坚持从事工人工作，后来还坚持辞去了干部职务。后来，组织上任命父亲担任领导小组成员，父亲干了一段时间以后又坚决辞去了职务。1968年，单位有四名晋升技师的指标，经过层层讨论选拔评定，决定给父亲晋升技师。但是，父亲放弃了这一名额。

后来，有一次去驻新疆伊犁某部维修雷达，由于出色地完成了任务，父亲和第三组其他同志又被部队党委荣记二等功。1972年，父亲又要让工资，单位领导和周围同事都不同意。

有一次出差（不是承担雷达检修任务），飞机在青海西宁机场上空，突然发生起落架无法放下的故障，飞行员尝试了好几次也没有成功，飞机机组人员拿着一个铁盒子，给每人发了一张白纸片，写亲属姓名和最后遗言。父亲只写了伯父与母亲的姓名和联系地址，其他什么话也没有写。最后，飞机飞临一片沙漠上空，在耗尽油料以后，在沙漠里迫降，万幸的是迫降成功，剧烈的撞击使父亲晕了过去，被赶来救援的部队战士抬出了飞机。

从我记事时候起，不论谁家的电灯不亮、风扇不转、收音机不响，只要来说一声，父亲二话不说，就会赶去帮助修好；不论什么时候，只要有人来通知单位有事情，父亲总是拔腿就走，迅速赶到单位。由于父亲忙于工作，我经常是786厂幼儿园里最后被接走的孩子；有时，我被带到幼儿园老师家中，父亲从老师家里把我接回家。有时候，由于我还太小，家中无人照看，父亲经常一把拉起我就往单位走。到了单位门口，父亲往往留下一句话："在这蹲着，等我干完工作出来，带你回去。"我不知道在大门口要蹲多长时间，往往是蹲到两腿发麻还没有等到父亲出来。在我的记忆中，对父亲单位最初的记忆就是大门口的警惕的哨兵，严整的军容，鲜红的领章和五星，闪光的刺刀，呼啸的寒风。

父亲可以说是见困难就上，见好处就让的同志。在日常生活中，他是助人为乐的好人；在平时工作中，他是不计个人名利的当之无愧的劳动模范；在战场上，他是创造世界军事史上奇迹的战斗英雄。从他身上，我从小耳濡目染地懂得了什么叫作 50 年代的人。

在今天的许多人看来难以理喻的行动的背后，正是父亲始终将个人的发展与祖国人民的利益紧密结合的理念，正是实现个人自身价值与报效祖国、服务人民紧密结合的理念，正是树立远大理想与脚踏实地、艰苦奋斗紧密结合的理念，正是苟利国家生死以、岂因祸福避趋之的理念。

1984 年 10 月，父亲调到南通电视机厂（三元实业公司）工作。金子到哪都会闪光。父亲在短短的几年间，在新的单位就赢得了广泛赞誉，在 2000 多人的单位里，连续两次被评为三元十大标兵，而且，每次都名列第一。1992 年，单位评选南通市劳动模范，有关领导征求父亲意见。父亲明确表示自己年纪大了，马上就要退休，劳模就评给年轻人算了，不要考虑自己。后来，南通市组织劳模去朝鲜旅游，在单位的反复劝说下，父亲才去。

往事并不如烟，而是历历在目。重温往事，正是为了让今天的人了解过去，学习和继承这些高尚的品质。

2018 年 6 月

纪事

八路军抢运《赵城金藏》纪实

李万里 *

《赵城金藏》现存 4856 卷，是目前所能见到的各版大藏经中年代较早的一部，为海内外孤本，具有无可比拟的价值。《赵城金藏》每一卷都属一级文物，是当之无愧的瑰宝。

《赵城金藏》之所以珍贵，还在于它有令人难以忘怀的历史，特别是抗战时期日军占领山西赵城后，八路军从重重包围中抢运保护这部经书的历史，颇具传奇色彩。

国家图书馆收藏的《赵城金藏》

---

* 李万里，史健（李维略）之子，曾任《当代电视》杂志社副社长。

我的父亲史健是当年八路军抢运《赵城金藏》的指挥组织者，他当时担任太岳区第二地委书记兼军分区政委。笔者从父辈处多次聆听抢经经过，怀着义不容辞的责任感，采访了多位知情人，查阅了大量资料，将八路军当年抢运、保护《赵城金藏》的经过梳理介绍如下。

抢运前的准备工作

据时任太岳二地委秘书长的曾远回忆，那时二地委地处太岳区的前沿，敌工工作开展得好，工作能做到敌占区的县城里头。穆彬（原名马殿俊）是二地委敌工部部长，他受史健派遣，化名马廷杰，潜伏打入临汾日寇 69 师团任情报班长。1942 年 2 月中下旬，穆彬传递出了日本人要抢广胜寺大藏经的情报，说日本人打算抢，但没找到大藏经的具体地方。太岳区第二地委书记兼军分区政委史健意识到这是一场保卫中华民族文化遗产的斗争，必须采取果断措施，先敌之手将大藏经抢运回来。他立即向太岳区党委书记安子文请示，经区党委上报延安。得到中央批准后，立即做了周密布置，将任务交给军分区政治部主任张天珩和赵城县委书记李溪林执行。

据张天珩回忆，初春的一天，地委书记兼军分区政委史健找他谈话，大意是：广胜寺的大藏经是很珍贵的文物，日本人企图抢夺走，上级要求我们抢在日本人前面迅速秘密妥善地抢运回来，并要求军分区基干营派部队参加。由于当时军分区司令员李明如不在驻地，张天珩马上把此任务传达给蔡发祥参谋长（1944 年 9 月牺牲于浮翼战役），由他具体布置执行。参加这次行动的有教导员刘一新（又名刘忠，原重庆国防工办副主任）、副营长罗志友、一连指导员王万荣、排长张义龙、张龙祥等。一行人在张天珩带领下，从热留驻地急行军奔赴广胜寺。

广胜寺位于敌占区，但与八路军打过交道，双方有着良好的关系。双方第一次打交道的原委是，寺院里菩萨身上涂有一层金粉，阎锡山来了要

广胜寺远瞰

刮，日军来了也要刮，唯独我们共产党八路军秋毫无犯，而且真心实意坚决抗日保家卫国，逐渐赢得了广胜寺僧人们的同情和支持。为防止日阎的掠夺，他们预先把金粉刮藏起来，并与八路军联系，希望能代为保管。经过李明如、史健等商议，决定由地委机关暂替僧人们保管。经过这件事，八路军与广胜寺建立了良好的关系，有时我们的侦察员就隐藏在广胜寺里。甚至日军企图袭击我驻石门峪的赵城县大队时，广胜寺还冒险派一个僧人向我们报信，充分说明了双方关系的融洽，这为寺方托付八路军抢运保护《赵城金藏》打下了良好的互信基础。

据直接参加抢运行动的李溪林回忆，1942 年春节（阳历 2 月 15 日）后，3 月前的一段时间，天气还很冷，人们都穿着棉衣。一天中午，李溪林在石门峪县大队部接到地委书记史健同志的电话，内容是：“延安有电报来，批准我们抢运经书。赵城有一部经书很珍贵，是国宝，日军将在近日内去抢夺。你们务必做到：一、经书一定要拿到手；二、动作要迅速；三、要严格保密。”

接到地委书记指示后，李溪林首先想：赵城有两座寺，兴唐寺比广胜寺大，大藏经在兴唐寺的可能性比较大。考虑到徐生芳同志是本地人，曾在兴唐寺养过病，打游击有时就隐蔽在寺院里，与僧人们的关系较熟，李溪林立即让徐生芳同志赴兴唐寺调查。

石门峪距兴唐寺约有 20 里路，第二天午后徐生芳调查回来，说大藏经不在兴唐寺而在广胜寺。他还说，广胜寺的力空和尚是赵城人，当过阎锡山的县长，因不得意而出家，他掌管此经。李溪林马上和徐生芳及其警卫员三人奔赴广胜寺。广胜寺离县委驻地约 20 里，太阳快落山时，李溪林等一行到了广胜寺。

李溪林等人见到力空和尚，他态度冷淡，似有点看不起李溪林等人。寒暄后，力空和尚一听是赵城游击大队长徐生芳来访，马上站起身来，端出红枣上了茶，态度也热情多了。他敬佩地说："久仰大名，您是抗日英雄（徐生芳是赵城有名的抗日英雄，日军报复烧了他家房子后，他在致日军的公开信中讲，你烧得还不彻底，你烧得再干净些，我以后盖新房打地基时更方便。被《太岳日报》誉为'霍山脚下的英雄'。日伪闻风丧胆，伪军发毒誓时常说'出门撞见徐生芳'）。"徐生芳向力空和尚介绍了李溪林，说："这位是县委书记兼县游击大队政委李长兴同志（当时李溪林在苑川堡当教员做掩护，用名李长兴，后改名李溪林）。"当他们说明来意后，力空面露难色，说："太原失守前，一战区卫立煌部中央军的一个中将军长（笔者注：李默庵）亲自找我要经，我没给。太原沦陷后，二战区阎长官派个师长（笔者注：冯钦哉）来要经（笔者注：时间为 1938 年农历正月初八），我也没给……"

徐生芳插话道："我有可靠情报，日本人准备抢这部经。日本人离这里那么近，一旦被他们抢走，是中华民族的损失，也是佛教界的损失，那时候你怎么交代？"

力空和尚沉思片刻后说："要经可以，但只能亲手交给朱总司令。"

七七事变后至1938年春，八路军总部与朱总司令曾在赵城县马牧村住过一段时间，因坚决抗日，朱总司令和八路军在当地影响很大。李溪林马上插话道：“朱总司令现在太行山，离这里有上千里路。现在时间紧迫，不容迟缓。要不我们先把经运走，以后再让朱总司令的秘书给你补个借条。”经过一番说服工作，力空和尚勉强同意了，其实后来他也没有要八路军给他开借条。

与力空和尚谈妥后，归程路上李溪林便与徐生芳商量行动方案。当时敌情是：广胜寺西北30里的赵城县城驻日军一个中队，西北15里的明姜据点驻日军一个小队，西侧同蒲沿线有敌人多个碉堡和据点，西南30里洪洞县城驻日军一个大队，正南15里的苏堡镇驻日军一个小队，南面的日军已逼近广胜寺下的道觉村，道觉村离广胜寺2里路。除通往根据地的东北方向外，广胜寺三面都驻有敌人，形势危急。李溪林和徐生芳决定县大队主要分两路掩护，一路警戒广胜寺至明姜公路方向的日军，另一路警戒道觉村至洪洞公路方向的日军，其余进寺与民工配合运经，并决定第二天夜里行动。

因上级指示要严格保密，要迅速拿到手，李溪林没有通过开会的方式布置任务，也没跟其他领导及县政府讲，更没跟公安局讲，因为公安局几十号人还站岗放哨负责关押犯人。只是决定由徐生芳同志为现场行动的指挥，具体负责指挥这次行动。

就此，抢运《赵城金藏》的所有准备工作就绪。

组织抢运《赵城金藏》

从广胜寺回来，李溪林叫徐生芳亲自到县政府找那里的科长（笔者注：民政科长段和升）面谈，以紧急运公粮为名，每运一担奖粮一斗，动员一些可靠群众配合。

抢运《赵城金藏》的行动时间是 1942 年 2 月中下旬某一天，是日军占领道觉村的前三天。据直接参加抢运的王万荣（时任基干营一连指导员）回忆：当时驻地距离广胜寺较远，而战士们的体质普遍很差，一天一夜急行军 150 里山路，疲惫劳累是可以想象的。如果队伍提前到天黑前出发，则很容易被山下的敌人发现，等到天黑再走吧，又担心敌人突然提前行动，抢在我们的前头。

正在着急时，王万荣突然发现一个名叫贺烈虎的老战士在一旁擦枪，他知道这个人是本地人，急忙走过去问："从这里到广胜寺还有没有别的路?"贺烈虎略一想，爽快地回答："打柴人走的路倒是有一条，不过很难走。"听了他的回答，副营长和王万荣商定了一个两全之策：由王万荣立刻带一个排从打柴人走的山路绕到广胜寺，其他两个排由副营长待天黑后顺大道直奔寺院，这样，即使其中一路和敌人遭遇，另一路也能赢得时间，突进寺院。

副营长带着一、三排，顺利通过了敌人的封锁线，在霍泉畔和王万荣带领的二排会合了，晚上 9 时到达广胜寺。副营长果断下令："一排和县大队负责包围寺院，监视寺外三个据点的敌军！王指导员带二、三排到寺内取经。"

八路军到达广胜寺后，力空和尚打开了寺门。头道院中，是一座被一

抢运《赵城金藏》的太岳第二军分区领导：政治部主任张天珩（左）、地委书记兼政治委员史健（中）、司令员李明如（右）

道高墙围住的十三层琉璃塔，叫飞虹塔。在地方干部的引导和协助下，王万荣拾级而上，到了塔的二层，一尊建在塔内的三米多高的铜铸坐佛陡现在他眼前。

飞虹塔内的铜坐佛，《赵城金藏》曾藏在其中

坐佛是空心的，《赵城金藏》就藏在里面。这是个绝妙的藏经地点，如果力空和尚不说，就算是发动一个连队去寻找，不要说一个晚上，就是几天怕也难找到！坐佛背后紧贴塔身有一架简易木梯，王万荣和一名小胖战士抓着梯子缓缓下到底层，仔细观察青砖结构的坐佛台基，最后决定立即在台基上凿洞，这样既可保住铜像不受损失，又可很快取出经卷。由于塔身与坐佛台基只有一条狭窄的空间，最多只能容两个人在下面操作，那名小胖战士和贺烈虎奉命下去凿洞。一会儿工夫，台基被凿开一个缺口，《赵城金藏》一下滚出来几卷。

取经的同志采取接力的办法，一捆一捆地往下传送，早已在院中等候的部队和民兵骨干将经卷传到塔外，立刻装进荆篮，用绳子捆好，然后以班为单位立即撤离，到寺外指定地点集结待命。后来王万荣看到这样传速度太慢，时间长了，恐被敌人发现，便改留一班人从楼上将经书一捆一捆地往院内掷下，剩下的就叫战士们打开背包，解下绑腿，每人捆好二十来卷背走，捆好一个班，走一个班。

这样大约到夜里12时就将经书全部安全运出。部队在民工配合下经石门峪运上山，天明时下山，翻过大峪窑头送往安泽县亢驿的地委机关。

赵城游击大队在这次行动中主要担任警戒任务。他们当时在石门峪村驻防，当天下午突然紧急集合，大队长徐生芳进行紧急动员，他讲述了《赵城金藏》的来历、价值和日军准备掠走金藏的企图，接着传达了上级交代的任务，说："上级指示今晚行动很重要，其重要意义你们以后就会知道。"并要求不惜一切代价阻击敌人，保证完成警戒抢运经卷的任务。

天黑以后，部队借着月色沿着山路向广胜寺行进，约行一个小时，到达广胜寺山下霍泉畔，排长薛国范根据地形周密地布置了各班布防位置、联络方法、注意事项，随即将部队带到霍山的半山腰，大队仅有的两挺机枪配备在封锁上山的必经之路上。他们在山坡上执行警戒阻击任务，从入夜到黎明，直到接到"撤走"的命令，才立即撤离广胜寺并很快追上了运经的部队，并主动分担了一部分经卷。

大藏经有四千多卷，全部人背马驮，安全运抵地委机关。史健同志打开经卷，经书都是一卷一卷的，每卷展开都有一两丈长，他边看边高兴地说："这太珍贵了，一定要保护好。"他安排将部分经卷暂放在地委机关的北房（秘书长的屋）和西北房（宣传科的屋）里。

那时正是抗日战争最艰苦时期，物质相当匮乏，纸张就更为困难，有个别同志不懂得经卷的价值，将部分线装书翻过来，也有将手卷引首的空白处剪下钉成本子用。史健同志知道了，痛心地说："无知！无知！太无知了！这纸相当于宋纸，都是宝物，很珍贵，可不许动，怎能这样对待？谁再损坏要受纪律处分！"经他的提醒方引起大家的重视。

辗转转移保护

据力空和尚回忆，八路军从敌人眼皮底下抢救了广胜寺大藏经，当时《新华日报》披露了这个消息，驻晋南日军司令大发雷霆，亲带军队来广胜寺声色俱厉地责问，意在杀力空焚寺院以泄愤。但力空和尚已抱着为法忘躯的决心，不为他的威力所屈服，并得到一位陈姓的日军司令的侍从武官

（临汾人）从中代为劝释（笔者注：有可能是我潜伏临汾的伪大汉义军司令陈焕章），始悻悻而去。山西伪省长苏象乾，也曾为此事亲到赵城调查过。

《赵城金藏》保存在地委机关屋里达两个多月。据曾远回忆：原计划马上将经卷转送到沁源县太岳区党委驻地，还没来得及，日军“五月大扫荡”（即“第二期驻晋日军总进攻”计划）就开始了。人们往往关注抢经当晚传奇，却忽视“扫荡”中的风险，而“扫荡”时期恰是提心吊胆最艰难困苦危急的时刻。

因没抢到经卷而恼羞成怒的日军，“扫荡”目标直指亢驿的《赵城金藏》。过去是暗中角力，被八路军抢得先机，现在则是明火执仗，经卷危在旦夕。史健果断决定带经转移，决不给敌以可乘之机，这是个艰巨任务，实施之难超乎预想。

反“扫荡”出发前，史健对大家讲：“保护好经卷是一件大事，每个人都要背几卷经。”还宣布了纪律：“人在经卷在，要与经卷共存亡，人在而经卷不在者，回来要受党纪处分。”

曾远具体分配背经，每个同志少的背十几卷，多的背二三十卷。曾远仗着自己身高力大背了几十卷。史健的马也驮了一些，他的警卫员王洪德背的也不少，机关所有人员都背上了经。

每个人背负 20 余卷 40 来斤，十分沉重，行动不便，机动灵活性降低，增大了转移风险。生死辗转中风餐露宿，涉水过河，下雨还要防止淋湿，艰难困苦中的狼狈可想而知。八路军就这样带着经卷在亢驿周围的山区马岭、泽泉一带与日军周旋，随时都有生命危险。剩余实在带不走的《赵城金藏》，则坚壁清野起来，当然没有藏在亢驿村（笔者注：经 2017 年 7 月重走赵城金藏路考察，确认藏匿于亢驿村西小马岭娘娘庙三孔石窑内，详见拙作《重走抢救〈赵城金藏〉路寻根小结》）。

日军很狡猾，“扫荡”犹如过筛子般地细，每座山每条沟地搜，“梳篦式”反复梳了多遍。“夜行晓袭、辗转抉剔、铁壁合围”的铁磙扫荡，

史健

连当地人未走过的路他们都走了。敌前进 40 里后还倒退 10 里留下伏兵，让误以为鬼子走了的回村者遭受了很大损失。铺天盖地到处都是日军，机关转移中曾有三天三夜没进过一粒米，十分艰苦。反“扫荡”没有烟抽，把树叶搓一下，再从棉絮上抽出一绺棉花裹起来就抽，锅碗都被日军砸了，大家只好拿南瓜壳当碗用。

在反“扫荡”中，二地委保管经卷长达 4 个月，经历了充满风险的危急时刻。经卷运抵沁源移交太岳行署时，接管的人员是刘季荪（时任太岳行署秘书处主任）。当时太岳行署南边不远有煤矿，太岳行署主任牛佩琮与刘季荪安排将经卷藏在绵上县（后并入沁源）山区一个废弃煤窑里，派专人看管达 4 年之久。抗日战争胜利后，晋冀鲁豫边区政府决定，将存放在绵上县煤窑里的经卷交北方大学保存。太岳区移交经卷时，北方大学图书馆尹达馆长有病，程德清是副馆长，具体负责此事。后因北方大学西迁，经卷又运到太行山区涉县温村，就地存放在该村的天主教堂内。

1949 年 1 月，北平和平解放，华北局书记薄一波电令将《赵城金藏》运至北平，交北平图书馆收藏。张文教奉命护送，4 月初返长乐村，把 42 箱经卷用毛驴驮至涉县，经小火车运邯郸，再经汽车运抵北平，交由当时的北平图书馆保管。至此，《赵城金藏》终于结束了命运多舛、颠沛流离的日子。

现在，广胜寺大藏经作为国家一级文物，珍藏于北京国家图书馆。每当回忆这件事，人们都深切怀念为保卫广胜寺大藏经做出贡献的安子文、史健两位老领导，正是他们及时向上级报告并组织部队从日军的虎口中抢回这部稀世珍宝，立下了大功。

2014 年 2 月亢驿村支书黄才恒带笔者探访亢驿村西小马岭“二区区公所”窑洞，洞口现已塌陷。扫荡归来时《赵城金藏》曾存放于此一夜，经卷未回地委机关，表明坚壁清野的经卷也隐藏于附近。据黄才恒的父亲黄居斌（当时任区机要交通）生前回忆，曾从和川地下交通站受领一封加急鸡毛信，领导嘱托此信非常重要，比性命还珍贵，绝对不能有闪失，要求躲过日本兵搜查后交到马岭区公所。信中要求民兵连夜向区公所转移经卷，并组织 30 多位民兵在麻家山黑虎庙接应扫荡归来的经卷。待存放于区公所的经卷与娘娘庙的经卷会合后，沿神伏岭、管道沟、中峪店一并运往沁源。黄居斌还负责到神伏岭联系沁源的接应人马。他们在送经途中不敢走大路，也不敢白天走，小心紧张而又神秘，前面部队开道，骡马挑担居中，民兵殿后护卫。羊倌郭秀林也听过黄居斌生前的讲述。

2017 年 7 月 16 日酷暑，在黄才恒和老羊倌郭秀林带路下，笔者随国家图书馆《重走赵城金藏路》寻根小组爬上小马岭娘娘庙，终于目睹三孔石窑的风采，反“扫荡”中实在带不走的经卷就隐藏于此。这里山势险峻陡峭，布满荆棘无路可循，若不是羊倌镰刀开路披荆斩棘，皆不能通行。窑口隐蔽于山窝深窪密丛中，非向导指引绝对不可能找到。遥想战争年代深夜转移藏经之难，深深体验到护经之艰辛。我们在赴娘娘庙途中，向导指着右侧沟壑说，这是日军当年屠杀的万人坑，心情顿时沉重起来。武力征服与文化侵略是日本亡我中华所惯用的两手。

我愿引用向达教授《记赵城藏的归来》文中的一句话作为结束语：“看看展览的古代经卷，似乎每一卷上都染有人民战士的血花，才渐渐明白文物的保存不是容易的事，而人民所创造出来的东西，也只有靠人民的力量才能保存，才能光大。时间的考验，英雄帝王，像电光石火，终不免黄土一抔，人民却永垂不朽，人民所创造的也永垂不朽。”

2018 年 2 月

纪事

徐铸成先生二三事

张　刃*

徐铸成先生是著名报人，1927年投身新闻界，与中国新闻史上颇具盛名的大公报和文汇报都有深厚渊源，既是前者的重要骨干、负责人之一，又是后者的总主笔、创办者一员。他1957年离开新闻界，从事辞书编审、文史资料工作。1991年病逝，享年84岁。

先父张高峰与徐铸成先生结识于抗日战争期间。彼时，张高峰任大公报驻中原战地记者，徐铸成任大公报桂林版总编辑。张高峰从前线发回的报道，分别专电或寄送重庆、桂林两馆，由此与徐先生建立了联系。1944年豫湘桂战役后，中原沦陷，桂馆停刊，张、徐分别回到重庆。张继续做外勤记者，徐主持大公晚报。1945年抗战胜利后，徐先生回上海主持沪版大公报复刊，张高峰到北平、东北任大公报特派员。未几，徐先生转文汇报主持笔政，从此离开大公报。

1949年后，徐先生与张高峰虽然不再共事，但依然保持着通信联系，直到1957年。岁月如梭，白驹过隙。十年浩劫过后，他们陆续恢复工作，张高峰调天津市政协从事文史资料工作，徐先生在上海也以顾问身份兼职文史，二人又成为“同事”，并且恢复了联系，直至1989年张高峰病逝。

* 张刃，《工人日报》原副总编辑、高级编辑，原《大公报》著名记者张高峰之子。

笔者保存有徐先生给张高峰通信若干，以下选录部分内容，解读涉及的相关人与事，供读者了解那一代文化人的交谊、情愫。

早年报人“各行其是”

张、徐恢复通信在1978年末。当时，张高峰刚刚安排到天津市政协工作，即给徐先生写信，问候的同时，了解上海文史资料工作情况。徐先生回信：

高峰同志：

接读来信，知道你的近况。近四十年不见，真像听到空谷之音一样。你是我在大公旧同事中认为极有才华见识的同志之一，所以接奉鱼雁，更为欣然。

我从1960年调到出版部门工作。“文革”的十年，惊涛骇浪，不必说了。1973年以后，一直在上海辞书出版社搞编辑工作，现在仍以此为主；一周有两个半天去政协搞文史资料工作。（“文革”前就兼搞过三四年了）……我们基本上不采用第二手材料。因为范围已扩大到革命史，对象也就多了。天津在这方面可能条件不如上海，但如写周学熙的史料，则周叔弢等也应是极好的提供人。浅见如此，仅供参考。

专复，并颂

时祺

弟铸成　十二日

上月赴黄山开辞书工作会议，月底始回沪，致稽裁复，乞谅。[①]

① “近四十年不见”一句，时年71岁的徐先生记忆有误。他们分手是在1945年的重庆，距1978年应为33年。“1960年调到出版部门”，指徐先生由于“右派”问题调离文汇报。周学熙、周叔弢叔侄，民国时期著名企业家，北方实业集团代表人物。

徐先生信中“你是我在大公旧同事中……”一句所说，与他们的新闻理念相通，意气相投有关，其背景可以追溯到徐先生先后主持桂林大公报、重庆大公晚报和上海大公报时期。这里须简要回顾大公报的历史沿革。

1949 年以前的大公报，数馆并存的状况几度出现，时间长短不一，以抗日战争前期变动最为频繁，折射了大公报人坚持抗战，筚路蓝缕的历程。

大公报创刊于天津。1926 年，吴鼎昌、张季鸾、胡政之“三驾马车”组建新记公司，接收大公报，十年后的 1936 年 4 月，大公报上海版创刊，从此有了第一家“分店”——沪馆。1937 年“七七事变”后，日军占领天津，大公报津馆“义不受辱”，于 8 月 5 日毅然停刊，但仅仅一个月后，在“九一八”国耻纪念日，大公报汉口版创刊，接续了天津版，这就是大公报历史上存在时间最短的汉馆。同年“八一三”淞沪抗战爆发，上海大公报坚持了四个月，12 月 14 日以一篇《不投降论》的社评“暂别上海读者”。

沪馆闭，港馆开，1938 年“八一三”一周年纪念日，大公报香港版创刊。10 月，武汉失守，早有准备的大公报立即关闭汉馆，开设了渝馆——重庆版。

1940 年，面对日军疯狂南进，考虑到香港可能不保，为留退路，大公报开始筹办较为安全的新馆，这就是 1941 年 3 月创刊，由徐铸成主持的大公报桂林版。12 月，太平洋战争爆发，日军占领香港，大公报港版停刊，人马转移到桂林。大公报桂馆与渝馆并存的局面持续了三年半，时间最长。1944 年 4 月豫湘桂战役开始，日军大举南下，9 月打进广西，桂林大公报被迫停刊，人员撤退到重庆，直到抗战胜利，大公报渝馆成为硕果仅存的一家。

1945 年日本投降，大公报复刊，保留渝馆的同时，于同年 11 月、12 月和 1948 年 3 月，先后恢复了津馆、沪馆和港馆，最终形成以沪馆为中心，四馆并存的格局。其中，沪、津、渝三馆并存达三年多。

大公报数馆并存局面的出现，既有战乱迫使其迁徙的因素，更有发展事业的图谋，在这一点上，大公报人上上下下是有共识的。但同时，它也带来了各馆“自行其是”的问题。这中间，既体现了“同人办报”的自由主义风气，也显示了各馆负责人不同的办报理念和政治倾向。

抗战时期，大公报渝馆、桂馆的不同，一方面是由于离“中枢”远近不同、管制不一，另一方面也因为主持者思想倾向各异。渝馆由王芸生掌控，偏于执中；桂馆由徐铸成主持，略显激进。当年，大公报著名记者子冈描写战时重庆社会底层小人物生活的系列通讯、张高峰报道中原大战国民党军溃败的消息“洛阳烽火”等，都是渝版不发而由桂版突出处理的。子冈的通讯更被誉为“重庆百笺”而脍炙人口。徐铸成先生后来回忆说:“桂林为当时所谓文化城，文网较疏，我们比较敢于说话。……这些通信，大概都是重庆版的‘漏网之鱼’，有的，甚至渝馆曾特别来信‘关照’，我们还是照样刊出了，可见重庆当局对此的苦恼。”[①]

1944年桂馆停刊后，徐先生在重庆主持大公晚报，渝馆许多记者愿意为之写稿。晚报虽然只有半张两个版，也肯拿出版面为记者发表日报不便刊登的报道（如张高峰的西康长篇通讯曾连载一周），并且不时有刺痛当局的文字或率先发表的独家新闻，因而办得有声有色。徐先生回忆说，当年蒋介石电邀毛泽东到重庆的消息，就是大公晚报最先发出的。

抗战胜利后，由徐先生主持的大公报上海版最早复刊。虽然最初人手少，稿件缺，但他们一方面自采新闻，自撰社评，另一方面寻求大公报派驻各地记者的支持。多年后，徐铸成先生回忆说，当时“正值多事之秋……我们的态度特别鲜明，子冈、徐盈、高集、曾敏之、张高峰等都以渝版刊不出的真相，电告上海，我们显著刊出，并配以义正词严的社评、

① 见《挥戈驰骋的女斗士——子冈和她的作品》序，北方妇女儿童出版社1987年3月版。

短评。可以毫不夸张地说，当时的上海大公报是突破了一些新局面的。”[①]

编辑如此，记者亦然。大公报编辑部的架构中，虽然有部主任、总编辑作为各级负责人，但在实际运作中却没有什么“统一部署”，也就谈不上什么“贯彻指示”。因此，它的编辑、记者都“各行其是”。张高峰晚年回忆说：

> 从 1940 年到 1949 年，我为旧大公报工作了九年，经历了抗日战争、解放战争……没有开过一次记者会议、编辑会议，大家只是埋头工作。现在看来简直是怪事。更奇怪的是，不论在报社所在地采访，或派往外地采访，大公报从未向我发过任何指示，总编辑、副总编辑都未与我通过信。我像是断了线的风筝，采访活动可以说是信马由缰，没有人约束我，采访什么、怎样写，都由我自己决定。我从各地发出的专电或通讯，上海、重庆、天津三版几乎没有不刊出的，在文字上也几乎没有改动。例如，内战期间，我写报道提到中共军队时，按照国民党政府的“戡乱动员令”，应该称“共匪”，我却一直称“共军”，编辑部也从未更改过。因此我感到，在大公报工作没有什么强制约束，心情舒畅，可以大胆工作，很自由。同时，也可以说，如果没有报社的支持，我也会失去在报道中一再“闯祸”，与国民党当局对抗的勇气了。

作为一张民间报纸，大公报没有党派色彩，没有官方使命，更没有商人身份，是一群志同道合的知识分子组合，以“文章报国”的情怀，“文人论政”的方式，以各界知识分子为主要读者对象，报道新闻，批评时政。大公报沪、渝、津、港四馆并存期间，体系上是一家，但版面倾向并

① 见《挥戈驰骋的女斗士——子冈和她的作品》序，北方妇女儿童出版社 1987 年 3 月版。

不相同。总编辑王芸生所写社评，虽然代表大公报基本立场，也并不必须一一转载，各馆总编辑都写各自的社评。对于记者稿件，各馆也有自己的选择，或用、或删、或弃，并无统一标准，这从同一记者的同一篇稿子在不同地方版面的处理上可以清晰地看出。如果说有共同之处，那就是坚持了“文人论政”“文章报国”的追求和客观报道的原则。

同一家报纸，其编辑、记者及不同版面的政治倾向不同，可见当年报人的“自由主义”，亦可见大公报作为同人报纸，确实充分尊重了知识分子的自由、独立精神，正如胡政之谈及与张季鸾合作多年时所说，彼此“尊重个性”；张高峰、徐铸成晚年也对此念念不忘。唯其如此，大公报才有了曾经的辉煌。研究和评价大公报，不能不注意到它的这一特色。

晚年老记“殊途同归”

张高峰与徐铸成先生通信伊始，就在交换关于文史资料征集、编辑工作的意见。读者从徐先生的首次回信中可以看到，主要内容谈的也是文史工作。这其中同样有一些渊源，即许多老记者晚年都“转业”成了文史工作者，旧大公报人更形成了“团体”。

大公报人中最早“改行”从事文史资料工作的，是著名记者徐盈、子冈夫妇。1957年，徐盈夫妇双双被难，“劳动改造”后几经周折，60年代初，徐盈调全国工商联搞工商史料，子冈调全国政协文史专员办公室“帮助工作”。与她对桌的，就是抗战时期在重庆并肩采访的文汇报著名女记者浦熙修。张高峰和徐铸成先生也是在“文革”前开始接触文史工作的。这些当年跑新闻的记者，成了录“旧闻”的编辑。

十年浩劫结束后，曾经的大公报人萧乾、吕德润、孔昭恺、陆诒、李子宽等先生相继与文史资料的编辑、写作结缘，他们虽已年过花甲、古稀，却都兢兢业业，而且颇有成就。后来成为全国政协文史委副主任的徐盈先生曾写信给张高峰调侃道："大公老人都抓文史，也证明我们并非'饭桶'。"

徐铸成先生给张高峰的通信，每每谈及文史资料。以下节录若干并略加注释：

（上海文史资料选辑）明年头两辑，计划以解放前的地下党活动和工人运动为中心组稿，以纪念上海解放三十周年。我们人手也极少，实际只由我和陆诒兄"挑大梁"。子宽兄年迈体弱，只能从旁参赞一下。最近才从退休老记者中选聘了两位助手。……记得二三十年代我在大公时，天津曾有"天津三个宝，南开、永利、大公报"。这三方面的资料，似可组织一下。（1978-11-18）①

大函和《文史资料》收到，谢谢。

一般舆论，公认天津及四川出的文史资料质量最高。上海原在前面，因掌握者不懂行，实际负责的又不懂这一套……我主要在家写点东西。《旧闻杂忆》拟写三册，本来今冬应交二册稿，因青年报及将出之新民晚报约写连载，恐将拖后。香港三联出了我两本书，四川人民商得三联同意翻出国内版，大约今秋可以出书，俟得样书，当寄奉。《八小时以外》屡约写稿，曾寄两三次，总不合胃口，弟又素来不会削足适履，只能辜负其好意了。（1981-10-30）②

接奉惠翰，既感且愧。你屡次约我写些旧大公史料，愧未应命。近来已着手写张季鸾先生传，已写好三章，先交《中国建设》连载。

① 陆诒，著名报人，曾在大公报等多家报馆供职，时任上海市政协文史委副主任。李子宽，大公报元老，曾任上海大公报经理。南开，指张伯苓创办的南开学校。永利，指范旭东等创办的永利碱厂。

② "新民晚报连载"指徐先生著《哈同外传》。

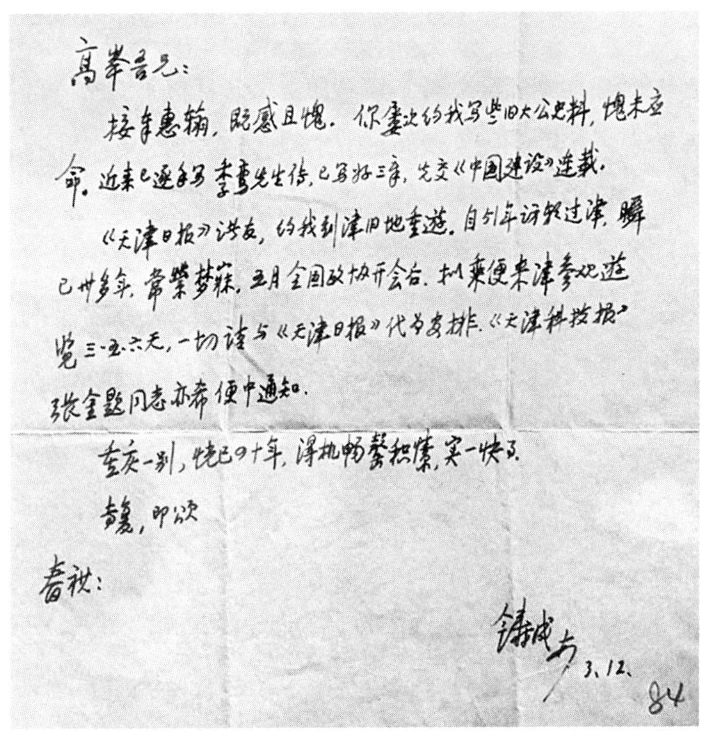

高峰吾兄：

接奉惠函，既感且愧。你屡次约我写些旧大公史料，愧未应命。近来已逐步写季鸾先生传，已写好三章，先交《中国建设》连载。

《天津日报》诸友，约我到津旧地重游。自51年访朝过津，瞬已卅多年，常萦梦寐。五月全国政协开会后，拟乘便来津参观游览三、五、六天，一切请与《天津日报》代为安排。《天津科技报》张金题同志亦希便中通知。

重庆一别，恍已四十年，得机畅罄积愫，实一快事。

专复，即颂

春祺：

铸成上 3.12. 84

徐铸成给张高峰的信

《天津日报》诸友，约我到津旧地重游。自1951年访朝过津，瞬已卅多年，常萦梦寐。五月全国政协开会后，拟乘便来津参观游览三五天，一切请与《天津日报》代为安排。……重庆一别，恍已四十年，得机畅罄积愫，实一快事。（1984-03-12）[①]

年前得贺片，今又蒙赐赠天津文史资料选辑，篇篇可读性强。许姬传回忆录尤娓娓道故，令人怀念旧日津沽。天津选辑的确有特色，一如天津各方面之突飞猛进。

闻徐盈兄中风，甚为惊愕。此老极至诚待人。如前年弟来津，他

① “访朝过津”指徐先生参加赴朝鲜慰问志愿军。“乘便来津参观游览”，徐先生此行与张高峰久别重逢，二人同游大公报旧址、天津市容，并合影留念。

必亲自送至车站。去年开会时弟已曳杖而行，他犹健步如昔。我今春还为徐城北编的《子冈文集》写一序言，历述徐盈伉俪为大公奋斗业绩。祈望他早日康复！（1986-01-16）[①]

津门揖别，瞬已两载。天津日报代摄吾二人合影，已分载《中国建设》所连载之“张季鸾先生传”中。此书由三联书店排印中，大约年底前可问世，届时当手签样书一册奉赠。你曾约我写大公报，而所知史料，尽纳入“张传”中矣。

据张先生哲嗣张士荃（当时的镐弟，现亦年逾半百矣）谈，他曾在港与陈纪滢通电话，对我写的张传，认为材料丰富，立论公允云云。

承寄赠天津文史资料，内容甚扎实，比之上海选辑，高明多矣。如首篇关于文绣史料，极为详尽，翻阅一过，获益匪浅。我于 1930 年在天津英国网球场看到溥仪和婉容、文绣，后文绣与溥仪离婚，曾轰动一时。以为她早已下世，想不到一直活到解放，而晚境极凄惨。其他如李鸿章、张南皮诸文，亦有头有尾，可见天津政协文史工作做得极细致，甚可佩。（1986-05-30）[②]

连接惠翰，承指出拙著的错误，甚感。当在再版或第二册中加以校正。关于大公报史料，今年恐抽不出时间写。南开及张伯苓的史料，早已看到，极好。遵嘱草寄一小稿，阅后请即转交天津日报。（1986-09-07）[③]

---

① “徐盈兄中风”，徐盈中风卧床，此后再未能工作。“写一序言”，见前述引文。

② 陈纪滢，旧大公报记者，后去台湾。张南皮，即张之洞。

③ “拙著的错误”指《报人张季鸾先生传》，1986 年 12 月由三联书店出版。“大公报史料”，指张高峰为《大公报人忆旧》一书约稿，徐先生后来写成《对大公报的几点看法》一文，该书于 1991 年 6 月由中国文史出版社出版。“寄一小稿”，指徐先生为天津日报副刊“天津与我”专栏所写《在天津住过的地方》一文。

徐铸成先生信中谈及文史资料，虽然多为只言片语，却处处显示出老报人对历史、掌故的熟悉，并且体现了资深记者从事文史资料工作的优势。

1984 年张高峰（左）与徐铸成在天津大公报早期旧址前合影

一则，记者采访涉及重大事件、重要人物的机会较多，特别是大报记者，常常置身于高层活动，了解更多细节与内情；二则，记者职业需要广泛的社会交往，资深者更有独特的人脉、关系；三则，资深记者在职业生涯中有丰富的积累，素材并没有都用于报道，但却很有史料价值；四则，记者大多属于“杂家”，知识涉猎广泛，而有些资深记者由于常年采访某一领域或行业，久之便成了“专家”“内行”；五则，资深记者的文笔较好，征集、编辑省时省力……以上这些优势，都是从事其他职业者所不能比拟的。

如今，抗日战争时期成长起来的一代报人绝大多数已经作古，后来者如何继承他们的传统，传承他们的情愫，发扬他们的风骨，或许已成为一个课题。

2019 年 1 月

纪事

草原深处来了乌兰牧骑

梁耀君 *

在乌兰牧骑成立60周年之际，苏尼特右旗乌兰牧骑的队员们给习近平总书记写信，汇报乌兰牧骑60年来的发展情况，表达为繁荣社会主义文艺事业作贡献的决心。习近平总书记在回信中，勉励他们大力弘扬优良传统，扎根生活沃土，服务牧民群众，推动文艺创新，努力创作更多接地气、传得开、留得下的优秀作品，永远做草原上的“文艺轻骑兵”。

草原上的报春花

在辽阔的内蒙古大地上，有一面红旗在草原上飘扬了60年，有一首赞歌在草原上嘹亮了60年，有一支小分队在草原上驰骋了60年。这面红旗上跃动着四个大字：“乌兰牧骑”；这首歌是乌兰牧骑的队歌：“我们是草原的轻骑兵，送歌献舞为人民……”；这支小分队就是把党的温暖送到农牧民心中的草原轻骑兵——乌兰牧骑！

在蒙古语中，“乌兰”为红色，是光明的象征；“牧骑”是嫩芽的意思，孕育着勃勃生机。依据毛泽东《在延安文艺座谈会上的讲话》精神：

* 梁耀君，内蒙古自治区政协办公厅原巡视员。

“文艺工作是无产阶级革命事业的一部分”，无产阶级革命事业是一株大树，文艺事业就是一个枝叶，那小小的牧区文艺工作，就是枝叶上的一个小嫩芽。

当年的文艺工作者这样诠释“乌兰牧骑”，把她比作社会主义树干中一簇红色的幼芽，并将其原意引申，赋予了新的内容，成为后来人们熟悉的草原文化工作队。

让我们先踩着历史的脚印，将时光回溯到60年前：

新中国完成农业合作化和对于资本主义工商业的社会主义改造，开始社会主义建设。中国共产党第八次全国代表大会对我国的经济建设确定了正确的方针和政策，一个大规模的经济建设高潮正在到来。内蒙古各族人民也为之而欢欣鼓舞，但当时的经济基础比较薄弱，尤其是牧区和半农半牧区，地域辽阔、人口分散、交通不便，不但经济落后，文化生活方面更显贫乏，严重地制约了经济社会的向前发展。而世世代代在这块土地上生活的蒙古族和其他各族人民，正热切地期待着富裕、繁荣、文明的日子在草原上早日实现。

党和政府十分关切牧区和半农半牧区人民的心愿，中央和内蒙古自治区党委曾多次发出指示，要求各地大力发展少数民族地区特别是边远牧区的经济和文化事业。针对牧区长期听不到广播，看不到电影、演出、展览、图书的实际情况，在各旗县普遍建立了以活跃群众文化生活为主要服务的文化馆和文化站。但是，由于机构性质和队伍结构所限，文化活动仍很难深入到广大边远的牧区和半农半牧区。

为此，1957年初，根据时任自治区党委第一书记、自治区主席乌兰夫的指示，文化主管部门派出专人调查研究，决定建立装备轻便、组织精悍、人员一专多能、便于活动的小型综合文化工作队。把社会主义文化艺术直接地、经常地送到广大农牧民居住和生产的浩特与牧场。

60年前的草原疮痍满目，百业待新。发展经济、文化，丰富群众的

乌兰夫同志接见乌兰牧骑队员

乌兰牧骑有一句口号，不漏掉一个蒙古包，不落下一个牧民。这是途中在为牧马人演出

精神生活，宣传党的政策，亟需一支适应居住分散牧户的文艺工作队伍。

锡林郭勒大草原上的苏尼特右旗，面积约26000平方公里，牧民人口9000多，是锡林郭勒盟境内居住最分散的一个牧业旗。草原辽阔，沙漠延绵，交通极为不便。但是，苏尼特右旗有着悠久的文化艺术历史，在漫长的历史岁月里，民族文化艺术在崎岖坎坷的道路上不断发展繁荣。

据资料记载，苏尼特右旗很早就在敖包集会、旗那达慕及婚庆节日有不同规模的文艺表演活动。20世纪30年代，扎萨克王都嘎尔苏荣就组织了一支专业文艺音乐队，为王府庙会、敖包盛会及迎送来宾等活动做表演，是为极少数王公贵族、上层人士服务的文艺小团队。

中华人民共和国成立后，当地政府非常关心和重视人民文化艺术工作，苏尼特右旗的群众文化工作一直比较活跃。于是，经过一段时间的试点和筹备，在各级党政部门的关怀和各方面的共同努力下，1957年6月17日，内蒙古第一支乌兰牧骑在苏尼特右旗诞生了，草原上的报春花首先在这里开放了！

唱歌献舞为人民

春风把这一喜讯带到牧场，牧场欢腾起来，广袤无垠的露天舞台成了牧人欢聚的地方；春风把这一喜讯带到蒙古包，蒙古包里响起了优美动听的马头琴旋律。草原醒了，唱起了欢歌：乌兰牧骑，金色的种子，在草原上播种；乌兰牧骑，春天的新芽，在阳光下成长……苏尼特草原因乌兰牧骑的名字充满了新生活的喜悦。

乌兰牧骑的第一批队员共有9名；乌兰牧骑的建队装备共有两辆马车、两块幕布、两顶帐篷、三盏煤气灯、四套服装、一套播放器和几件简单的乐器；乌兰牧骑创作的第一批节目是：短剧《两朵红花》《为了孩子们》，器乐独奏《阿萨尔》《八音曲》，好来宝《党的关怀》《宏图》《幸福之路》，舞蹈《挤奶姑娘》以及蒙语相声、歌曲等。

就是这 9 个牧民儿女，举起了内蒙古第一支乌兰牧骑旗帜，凭着对父老乡亲们的热爱和一股吃苦劲，踏上了光荣的征途，足迹遍布苏尼特草原，把丰富多彩的节目送到牧民的蒙古包前。

曾受到过党和国家领导人毛泽东、刘少奇、周恩来、朱德等亲切接见的乌兰牧骑第一批老队员伊兰回忆起当年的经历，仍很激动：“乌兰牧骑一诞生就受到牧民慈母般的关怀与热爱，这证明了党的文艺为人民服务、为社会主义服务的方针是正确的，是深受牧民群众欢迎的。作为第一支乌兰牧骑的队员，下牧区演出经历的艰苦与牧民水乳交融的感情是终生难忘的……”

一年中，乌兰牧骑队员有八九个月行进在茫茫草原。他们在羊圈栏杆上压腿，在草地上练歌。他们边走边演，把舒缓优美的歌声、热情欢快的舞蹈、深沉悠扬的马头琴曲，送到村屯、浩特和一个个放牧点，把各种服务送到蒙古包。他们不辞劳苦常常为一两个正在放牧或卧病床榻的牧民进行专场演出，牧民们感动得涕泪交流。有时天阴下雨或风沙弥漫，队员们照样化妆登场，一丝不苟，认真演好每一个节目。

不光演出，为牧民服务也是他们的基本任务。一次正在演出，一阵急促的马蹄声由远而近，一位年轻牧民勒住马说：“笃日玛的小女儿出去放羊，到现在还没有回来!”队员们停止了演出，随牧民去找小姑娘。草原的夜空，一盏明亮的灯在闪烁着，给牧羊的小姑娘照亮了回家的路。

1965 年盛夏，队员们经浑善达克沙漠，来到阿其图公社乌日根大队。这里位于沙漠边缘，气候干燥，人畜饮水都很困难。队员们看在眼里、急在心里，决定晚上演出，白天为当地牧民打井。当一碗碗清甜的水端到牧民面前，老阿爸激动得热泪盈眶，老额吉亲吻着队员们的额头，为他们祝福。牧民们端起马奶酒，捧出“哈达”，用最敬重的礼节招待队员们。一口清水井，浸透着乌兰牧骑对牧民的深情；一句知心话，暖透了队员们的

在边防哨所演出

心房。从此，在草原深处，有一口井，旁边立着一块石碑，上边刻着“乌兰牧骑井”五个鲜红的大字。

乌兰牧骑队员在与农牧民的长期交往中，坚持着这样的信条，即“五不走”：水缸不满不走，院子不干净不走，不征求意见不走，饭费不结清不走，服务项目不完成不走。“六不分”：不分观众多少有求必应，不分生活好坏以苦为荣，不分路途远近送戏上门，不分时间早晚接送观众，不分场地好坏见缝插针，不分严冬酷暑坚持演出。

这是他们的口号，也是他们的实际行动，因为他们已置身于农牧民之中，他们的心和农牧民贴得很近。牧民点分散，有时刚演完，又来了一批牧民，他们不用卸妆再接着演。为照顾分散的牧民，每到一个演出点，用车把牧民接来，演完再送回去。一边演出，一边帮牧民剪马鬃、挤牛奶、洗羊、打草、理发、修围栏等。还经常搞些“乃日”（联欢），与牧民一起唱歌、跳舞、摔跤、赛马。

在牧区演出，有的地方没有灯，栽两根杆子，拉根铁丝，吊上几个大棉花球，蘸上油用火点着燃烧。一场演出下来两个鼻孔全是黑黑的油烟。一张嘴唱，小虫子飞进嘴里堵住了嗓子，咳出来再接着唱。

乌兰牧骑为牧民送歌献舞、热情服务的事迹传遍草原，每当乌兰牧骑的大胶轮车和鲜红的队旗出现在远方，牧民们便纷纷从蒙古包里跑出来，奔走相告：“玛奈乌兰牧骑依日勒！”（我们的乌兰牧骑来啦！）孩子们更是乐得蹦蹦跳跳，庆贺这美好欢乐时刻的到来。

草原上的孩子是快乐的，但是草原地广人稀，孩子们很少有机会与外界接触，文化生活贫乏。业余时间，只能跟着大人们唱一些似懂非懂的歌曲。北京木偶剧团的一次演出启发了乌兰牧骑队员，随后他们派出四名队员出去学习，两个月后，内蒙古第一支蒙语木偶剧团在苏尼特右旗乌兰牧骑成立了。从此，草原上的蒙古包里，苏木、乡镇的学校、幼儿园传出了孩子们开心的笑声。《聪明的小白兔》《金鸡冠的小公鸡》《不讲卫生的猪八戒》《三毛小淘气》《两个好朋友》等木偶戏，深受小朋友们的喜爱。每次演完，小朋友们都要激动地站起来，舞动着叫喊，台上木偶问话，台下小朋友们答话，台上台下的欢笑声连成一片。1985 年，《人民日报》刊登了文章《草原孩子第一次看到了木偶戏》。

文艺战线的一面旗帜

这就是草原上的第一支乌兰牧骑。他们曾代表全国少数民族文艺团体参加了在天安门广场举行的国庆典礼游行活动，他们乘坐的“乌兰牧骑彩车”受到党和国家领导人的检阅。他们创作和表演的音乐、舞蹈、曲艺、木偶戏等，获得国家和自治区金杯、奖章已达几十项。他们的足迹踏遍了国内的二十几个省市，留在了蒙古高原，留在了日本，留在了苏联布里亚特美丽的乌兰乌德和赤塔，留在了匈牙利巴拉顿湖月光融融、树影婆娑、波光粼粼的仲夏之夜。

从此，乌兰牧骑就像草原上的报春花，一朵朵、一片片相继开放。乌兰牧骑首先在牧区发展起来，以后逐渐推广到半农半牧区和农业区。到1966年初，内蒙古主要旗县基本上都建立了乌兰牧骑。乌兰牧骑这面鲜艳的旗帜在祖国北疆处处飘扬，内蒙古的文化艺术工作又揭开了一页新的篇章。

周总理生前十分喜爱和支持乌兰牧骑的事业，曾先后12次接见乌兰牧骑队员。1965年12月22日晚，在中南海紫光阁设便宴招待全国巡回演出归来的乌兰牧骑队员时说：“牧骑嘛，我建议要骑马，成个名副其实的牧骑。骑上马，带上帐篷，也挺好。不要进了城市，忘了乡村。要不忘过去，不忘农村，不忘你们的牧场。”

乌兰牧骑队员没有辜负周总理的教诲，几十年如一日，驰骋在美丽辽阔的千里草原上，成了名副其实的文艺轻骑兵。

多年来，乌兰牧骑从人民群众火热的现实生活中寻找创作的源泉和灵感，从民族民间优秀丰厚的文化传统中汲取营养，创作演出了大量优秀的文艺节目，如《顶碗舞》《牧民的喜悦》《彩虹》《鄂尔多斯婚礼》《筷子舞》《翔》《梦中戈壁》《腾飞的骏马》《富饶美丽的内蒙古》等，都取得了很高的艺术成就，成为内蒙古民族艺术的精品和典范。

60年来，乌兰牧骑就像一座大熔炉，又像一所大学校，把一批批年轻幼稚的队员铸造成一专多能的文艺工作者，把一个个含苞欲放的文艺新苗培养成艺术家。拉苏荣、牧兰、金花、德德玛、敖登格日勒、朝鲁、那顺等，都是乌兰牧骑这所学校里成长起来的优秀艺术人才，乌兰牧骑成就了他们的事业，赋予了他们永恒的艺术生命。

乌兰牧骑是时代的骄子，也是优秀传统文化的忠实卫士。60年来，乌兰牧骑扎根基层、面向群众的初衷没有变，全心全意为人民服务的宗旨没有变，艰苦奋斗、无私奉献的本色没有变。同时，紧紧追随时代的步伐向前发展。特别是改革开放以后，解放思想、锐意进取，调整节目内容，提高演出水平，增加服务内容，扩展活动范围，开拓出了更加广阔的发展新领域。

目前，内蒙古草原上活跃着的乌兰牧骑队伍已经有 75 支，每年演出超过 7000 场。60 年来他们累计行程 110 多万公里，为农牧民和各族群众演出 30 多万场，创造了内蒙古文化发展史上的奇迹。

“金色的草原有一支鲜红的花，根深叶茂美丽芬芳，在狂风暴雨中她娇姿挺拔，在飞雪严霜下她不褪光华。她给草原增添了奇异的光彩，好像天空中美丽的朝霞……”

这是多年来流传于内蒙古大草原上一支赞美乌兰牧骑的歌！今天，乌兰牧骑不仅是内蒙古草原上的一枝鲜花，他们已成为全国人民的乌兰牧骑，在演出的万里长征途中，他们和全国人民建立了深厚的感情。乌兰牧骑已经成为全国文艺界一面鲜艳的红旗，乌兰牧骑播下的种子，必将在祖国大地上获得丰收。

“一代代乌兰牧骑队员迎风雪、冒寒暑，长期在戈壁、草原上辗转跋涉，以天为幕布，以地为舞台，为广大农牧民送去了欢乐和文明，传递了党的声音和关怀。乌兰牧骑的长盛不衰表明，人民需要艺术，艺术也需要人民。”这是习近平总书记对乌兰牧骑的肯定和赞誉，也是对全区，乃至全国文艺工作者的鼓舞和鞭策。

2017 年 11 月

杂忆

末代皇帝溥仪与皇后婉容、祥贵人谭玉龄合葬始末

爱新觉罗·恒铃*

2002年8月，我和我大爷爱新觉罗·毓嶦（实际上毓嶦是我爷爷爱新觉罗·溥伟的第七子，应该叫七大爷才对，只是比他大的几位大爷早已不在人世，所以我一直称他为大爷）去伪满洲国皇宫博物院，碰巧遇到了管理处的张主任，张主任跟我提起了末代皇帝溥仪祥贵人谭玉龄的骨灰处理问题。他的意思是让我找溥仪的直系亲属商量一下怎样更妥善地安置谭玉龄的骨灰，否则在伪满洲国皇宫的文物库房里搁着也不是长久之计。张主任说这不是管理处的意见，而是他们几个老哥们儿瞧着谭玉龄可怜，如此长时间都不曾入土着实令人不忍，所以才让我给家属传个话，他还主动带着我到了库房。

在亲见者的描述中，谭玉龄是一个美丽亲和的人，她的一生就像一团靓丽的火花，短暂而夺目。我没有见过她那夺目的光华，却看到了她奋力燃过后留下的灰烬：从来未曾想过，我会以这种方式与“祥贵人”不期而遇。

这是我第一次看到人的骨灰。温婉可人的“祥贵人”就这样猝不及防地出现在我面前。那瞬间的冲击力让我几乎晕厥，当时我的脑中一片空

* 爱新觉罗·恒铃，第二代恭亲王溥伟孙女，家族史研究者。

谭玉龄

白，只有一个念头异常清晰：无论如何，一定要“让他们在一起”。

在《我的前半生》中，溥仪说过这样一段话：1937 年，为了表示对婉容的惩罚，也为了作为“皇帝”必不可少的摆设而新选的牺牲品——谭玉龄，经北京一个亲戚的介绍，成了我的新“贵人”。……她也是一个挂名的妻子，被我像一只鸟儿似的养在“宫”里，一直养到 1942 年死去。

按清朝祖制规定，皇帝的妻妾分为皇后、皇贵妃、贵妃、妃、嫔、贵人、常在、答应等八级。虽然清朝灭亡已经 20 多年了，溥仪还是按老规矩，“册封”谭玉龄为“祥贵人”。

单从溥仪的自述来看，这位“贵人”真的只是一个无足轻重的摆设。但是北京那位亲戚拿给溥仪相亲用的谭玉龄的照片，后来一直被他放在皮夹里带在身边。这张照片的背面，是溥仪亲笔写下的几个字：我的最亲爱的玉龄。这是怎么回事呢？

那段时间，每个周六溥仪都会去陪伴谭玉龄，两人有说有笑，非常开心，有时溥仪会把自己的二妹、三妹以及其他女眷叫来陪伴谭玉龄，有时也带着我毓嵣大爷他们几个学生陪着谭玉龄一起看电影。看来溥仪对谭玉龄是日久生情了。

好景不长。这只“鸟儿”飞来“笼”中只给溥仪带来了短暂的快乐时光，1942 年 8 月 13 日，年仅 22 岁的“祥贵人”谭玉龄香消玉殒了。溥仪不仅追封她“明贤贵妃”，还给她办了一个超规格的出殡仪式，连杠夫都是专门从北京请来的。出殡当天，长春可以说万人空巷，谭玉龄的金棺出了伪满洲国皇宫，被厝置在长春般若寺。

1945 年 8 月 11 日溥仪逃离长春，8 月 13 日到大栗子沟，这一天正好是谭玉龄的忌日，也不知慌乱之中的溥仪是否记起了这个日子。不过，可以肯定的是他还记挂着留在长春的谭玉龄，当他被带往苏联之时，没忘记嘱咐自己的族弟溥俭去长春把谭玉龄火化之后带到北京去。他尽管不知道自己将来还能不能回到北京，但也许想着谭玉龄是北京旗人，该让她叶落归根吧。

从长春回北京的路上，我和毓嵣大爷说了张主任让我带话的事儿，他让我去找溥仪同父异母的弟弟溥任（我叫他四爷爷）商量，毕竟溥任才是溥仪的直系亲属，应该由他出面牵头、毓嵣协办、我跑腿才是正理儿，我听着有道理，就去找溥任的长子毓嶂。

我向金区长[①]（按家族论我应该叫毓嶂大叔，但是我初次见到他的时候他是崇文区的副区长，因为工作关系我称呼他为金区长）汇报后，他对此非常重视，第二天就去跟他父亲溥任商量此事。

2002 年 9 月 10 日上午，我到了溥任的家里。下午 2 点金区长也来了，我们一起和他父亲溥任商量如何安置谭玉龄的骨灰。金区长先是主张应该留在长春，因为那里是她生活和故去的地方。他说：溥仪现葬在华龙陵园，那里毕竟是私人开的，当时李淑贤把溥仪的骨灰从八宝山迁过去家族的人都反对，现在要把谭玉龄也迁进去不是等于我们家族认可了李淑贤的行为吗？

我几乎是不假思索地表示不同意把谭玉龄留在长春。当时我想法非常简单，只考虑如何让谭玉龄和溥仪团聚，其他的都不管，这是当我和祥贵人“面对面”时，我在心底给她的承诺。幸得四爷爷溥任也主张让谭玉龄

---

① 清王朝灭亡后，许多满人改姓汉姓。爱新觉罗家族多改为金姓，也有改为王、孙、罗、范、关等姓。

与溥仪合葬，他的意见是溥仪葬入华龙陵园已是既成事实，那就让他们在那里团聚吧，把溥仪迁出来也不现实。所以就这样初步形成了统一意见：把谭玉龄的骨灰带回北京和溥仪合葬。

可是由谁来经办呢？如果毓嵒在世尚可由他来主办此事，因为溥仪曾托付他保管谭玉龄的骨灰，谭玉龄的骨灰也曾经存放在毓嵒家多年。

当年，谭玉龄的骨灰辗转到了北京溥仪的族弟溥修家中，1957 年毓嵒回到北京，骨灰就转由他保管。溥仪 1959 年特赦回到北京，毓嵒就把骨灰还给了溥仪。

溥仪那时是单身，就把骨灰放在自己在全国政协的宿舍里。1962 年溥仪和李淑贤结婚后，李淑贤知道溥仪深爱这位祥贵人，就借口晚上做噩梦，让溥仪把谭玉龄骨灰从家里请出去。溥仪无奈只好又找到毓嵒，说，你大婶儿害怕，这骨灰还是你继续替我保存着吧！只是这一次，骨灰罐里多了溥仪自己的指甲和头发。正所谓身体发肤受之父母，指甲取自双手表示手足之情，头发发丝代表结发之意，虽然溥仪和谭玉龄并无夫妻之实，这也算是溥仪对谭玉龄最深情的表白了。

那时毓嵒还在扫大街，他和夫人把骨灰放在家里，家里实在太小搁不下，就把骨灰放在房子外面的过道里，上面扣一个纸箱子以防外人看到。后来街道委员会来检查卫生防火设施，过道里不让放东西，两口子就上班出门搬进来，下班回家再搬出去。

一直到 20 世纪 90 年代，长春欲建伪满洲国皇宫博物院，毓嵒夫妇想着谭玉龄骨灰放在自己家里终究不是长久之计，就和伪满洲国皇宫管理处商量，把骨灰转给他们保管。管理处许诺给谭玉龄在伪满洲国皇宫的花园里修建一个小陵园，供游人瞻仰。后来由于这样那样的原因，这个许诺一直没有兑现，谭玉龄的骨灰也就在库房里一放就是十几年。

现在，回到我们当时面临的难题：上哪儿去找一个合适的人选呢？无奈之下，这件事就暂时悬置起来。

伪满洲国皇宫旧址

2006 年 4 月 11 日，毓嵣大爷打电话给我，说郑爽到北京来看望他，让我去酒店把她接到家里。郑爽是溥仪的胞妹二格格韫和的二女儿，广州美术学院版画系的教授，按辈分我应该称她姑姑。这是我第一次见郑爽姑姑。

把姑姑接到大爷的新家后，我看见二大爷毓嶦（他实际上是我的八大爷）也在。姑姑和二大爷有 60 年没见了，说起在大栗子沟时的事情兴奋得不得了，互相打听着核对着彼此不知道的情况，忘了还有我们这些人在一边坐着。俩人高兴地聊着，说不完的话。这一次会面大家都非常高兴，吃饭的时候大爷请姑姑和我们一起去大栗子沟，来一趟怀旧之旅。姑姑同意了。

2006 年 6 月 12 日，我和大爷一行四人从北京出发，先到通化，再换车去临江。姑姑从广州直接去临江，和我们会合后一起去大栗子沟。

姑姑到后，我陪着她来到大爷的房间，听他们俩闲聊天。当听到大爷跟姑姑说道：“如果说婉容有罪，最后她死无葬身之地，她的罪也赎过来了。”我的内心一颤，一个新的想法突然冒了出来。因为害怕打断两位老人的谈话，这个想法就没说出来。

晚上的时候，我们在一起闲聊，自然而然就聊到了谭玉龄骨灰的事情，姑姑一听马上说："这事我得管，我妈妈和谭玉龄关系最好了，我小时候大舅母（姑姑对谭玉龄的称呼）很喜欢我，所以这事我一定要管！"

寻觅了四年的执行人就这样得来全不费功夫。事后想起来我觉得大爷特意叫上姑姑一起去大栗子沟是不是别有深意？他或许早就想到了请郑爽姑姑来当这个执行人了。

这时，我跟大爷和姑姑说起了我听他们聊天时产生的想法：我想趁这次机会把婉容也找回来和溥仪葬在一起。我坚持要把婉容带回来和溥仪葬在一起，毕竟他们才是原配夫妻，将他们合葬名正言顺。大爷和姑姑都同意我的想法，不过大爷说当前最重要的还是先把谭玉龄的骨灰接回来。

郑爽姑姑是个行动派，在通化的招待所里就给长春伪满洲国皇宫负责人打了电话，对方说可以，我们一听都很高兴，当即就决定回北京找溥任和金区长商量，争取尽快成行。

6 月 19 日一大早，我接到郑爽姑姑从广州打来的电话，她说："我给伪满洲国皇宫博物院和华龙陵园分别都打了电话（电话号码是我给她的），向他们说明了要把谭玉龄的骨灰拿到华龙陵园和溥仪合葬，他们两家都同意了。"我听后觉得很高兴，真没想到这么顺利啊！最后姑姑说："我想你和我一起去长春。"我说："没问题，我一定和您一起去，这件事我义不容辞！"

隔天我请大爷毓嶦起草了《致伪皇宫博物院各位领导的一封信》，然后打电话给金区长，想跟他汇报以郑爽作为"合葬行动"执行人的事情，并把这封信请他和四爷爷溥任过目。没承想金区长前几天突发脑血栓，住在医院里。第二天早上 9 点半，我开车去崇文区的普仁医院看望金区长，告诉他，郑爽姑姑想去长春把谭玉龄的骨灰拿回来和溥仪放在一起，他听后表示赞同。金区长在那封信上面签了字。我去找他父亲四爷爷溥任签字时，溥任四爷爷都没看完就签了，签完了字还问我：“办事的钱够不够？不够大伙儿凑凑。”我说我们自己可以负担。

第二天我把签好字的信传真给郑爽，她当天就把信传给了伪满洲国皇宫博物院。等待长春那边消息的时候，让我有了一些时间来打听婉容遗骸的去向。我先去找了我二大爷毓嵂核实婉容最后的下落，知道她最后是在延吉监狱里辞世的。二大爷给我介绍了以前采访过他的《末代皇后婉容》一书的作者安龙祯，我联系到他说明了情况，他答应帮助我们寻找婉容的遗骨。

我大爷毓嶦始终认为婉容的遗骨肯定找不到了。他的理由是那时兵荒马乱的，婉容又是在监狱里去世的。他根据常理推测婉容肯定和别的死在监狱里的犯人一样，会被草草掩埋而且没有记录。可我还是不死心，那时的我始终认为这天底下的事情只有想不到没有做不到。但是以防万一，我也偷偷在心里准备了第二套方案。

考虑到要鉴定婉容的遗骨，郑爽姑姑联系了郭布罗·润麒，想从他那里采集DNA信息，结果得知润麒住院了。2006年8月23日我们去朝阳医院看望了润麒，当我们跟他说要去延吉寻找婉容的遗骨以和溥仪葬在一起时，老头儿一个劲儿地感谢我们。

延吉监狱大门

我们先去了延吉监狱。1945年日本投降以后，毗邻延吉的梅河口成了国共两党的必争之地，据二大爷毓嵂回忆他们在延吉监狱里时能经常听到枪炮声，很大声的。

我们探访的最后结果是：一次，因为国民党要打过来了，监狱方面决定转移犯人，由于婉容已经毫无自理能力，身边又没有了照顾她的太监和老妈子，所以她就被留在了延吉监狱，没几天就撒手人寰了。死后按照普通犯人待遇裹在一条旧毯子里抬出去埋了，有案可查的只有监狱方面留下的一张死亡证明书，至于被埋的具体位置，没有留下任何记录。只知道被埋在了延吉监狱北边南山脚下。

我们去了那个地方，这里正在盖住宅区，挖地基，盖高楼，面目全非。看着眼前的情形我知道找到婉容遗骨的希望几乎为零，所以启动了我们在北京就商量好的第二套方案：带一些婉容埋骨处的土回去。

因为跟伪满洲国皇宫预定的请骨灰的时间是 9 月 1 日，所以我们离开延吉并没有直接去长春，而是去吉林市看望了毓嵣八大爷（他在家里排行老八，所以我称呼他八大爷），他是和我大爷毓嶦一起在伪满洲国皇宫学习的学生之一。溥仪在《我的前半生》中称他是小秀。31 号我们赶到了长春伪满洲国皇宫博物院，接待我们的是赵副院长，她和我们说：我们需要报上级主管部门批准，上级批准了我们才能让你们拿走；研究员王文峰还表示，谭玉龄骨灰是他从北京拿来的，也要由他带回北京。

我们自然不同意这样做，我们说："我们这次来之前一直是和你们李院长联系的，也是和他商量好 9 月 1 日请走骨灰，家族各位长辈签名的委托书早已发给你们，我们这次的行为完全是个人行为，没有任何单位和个人给我们出钱，如此让我们等我们负担不起！"伪满洲国皇宫方面坚持让我们先回去，等他们跟上级部门汇报，上级批了再由他们将谭玉龄的骨灰送回北京。

姑姑在延吉时就已经水土不服了，一路靠着坚强的毅力才坚持到了长春，将此情况和赵副院长说明了，赵副院长还是坚持说要上报批准，我们没办法，只好表示留在长春等结果。

我给伪满洲国皇宫博物院的李院长打了个电话，我想找他再说说是不是可以有转机。结果我刚通报了姓名，李院长就大声说："你们突然来了，来了就要拿走，我们已经去报批了……"所幸，博物院通知我们在9月1日下午交接谭玉龄的骨灰。

到了下午约定的时间，我们换上了新买的衣服，再一次来到博物院。

交接的时候，伪满洲国皇宫博物院给谭玉龄的骨灰换了一个好看的罐子。姑姑打开了罐子检查骨灰，她一点都不忌讳，她真正是把谭玉龄当成了自己的亲人！

那夜星光灿烂，第二天我们就带着"皇后"和"祥贵人"回北京了。飞机降落在北京的那一刻，姑姑轻轻地对"皇后"和"祥贵人"说：我们到家了。

2006年9月2日我们上午到了北京，临近中午时到了华龙陵园。和陵园方面办妥婉容墓土和谭玉龄骨灰的交接后，又和陵园方面签订了一份协议，明确写明不得进行有损于逝者形象的商业炒作。

大爷看见我们回来很高兴，晚上回到家我给金区长打电话汇报情况，他也很高兴。

9月13日是约定进行末代皇帝溥仪和末代皇后婉容、祥贵人谭玉龄合葬的日子。到了陵园，看到溥仪的墓正在修，三座宝顶已经修好了，很突出，我们感觉还不错，其实就算修得不好我们也没什么意见，只要他们老三位能在一起就行了，别的就没啥要求了。

合葬开始了，首先要把婉容的墓土和谭玉龄的骨灰请到骨灰盒里。看着谭玉龄的骨灰罐挺大的，准备好的玉质骨灰盒好像小了，张世义说：这个骨灰盒是十年前准备的，装装看吧。"结果大小正合适。

陵园的工人很专业，活干得很漂亮，4点48分开始，5点17分结束，很顺利，我们心里别提多高兴了！

合葬仪式简简单单地完成了。

2017年11月

珍藏

冯友兰、胡愈之手稿

冯友兰

冯友兰（1895—1990），字芝生，河南南阳人。中国当代著名哲学家、教育家。历任中州大学、广东大学、燕京大学教授、清华大学文学院院长兼哲学系主任、北京大学哲学系教授。第四届全国人大代表，第二至四届全国政协委员，第六至七届全国政协常委。著有《中国哲学史》《中国哲学简史》《中国哲学史新编》《贞元六书》等重要学术经典。对学界影响深远，被誉为“现代新儒家”。

胡愈之

胡愈之（1896—1986），浙江上虞人。著名政治活动家、新闻出版家。1914 年起任职于上海商务印书馆编译所。1919 年创建上海世界语学会，次年参与发起成立文学研究会。1933 年 9 月加入中国共产党。同年任中国民权保障同盟中央执行委员。1935 年后从事上海文化界抗日救亡运动，为全国各界救国联合会发起人之一。抗战胜利后，在海外宣传党的方针政策。中华人民共和国成立后，历任《光明日报》总编辑、国家出版总署署长、中国文字改革委员会副主任、文化部副部长、中国人民外交学会副会长、中华全国世界语协会理事长、全国人大常委会副委员长、全国政协副主席、民盟中央代主席。著有《胡愈之回忆录》。

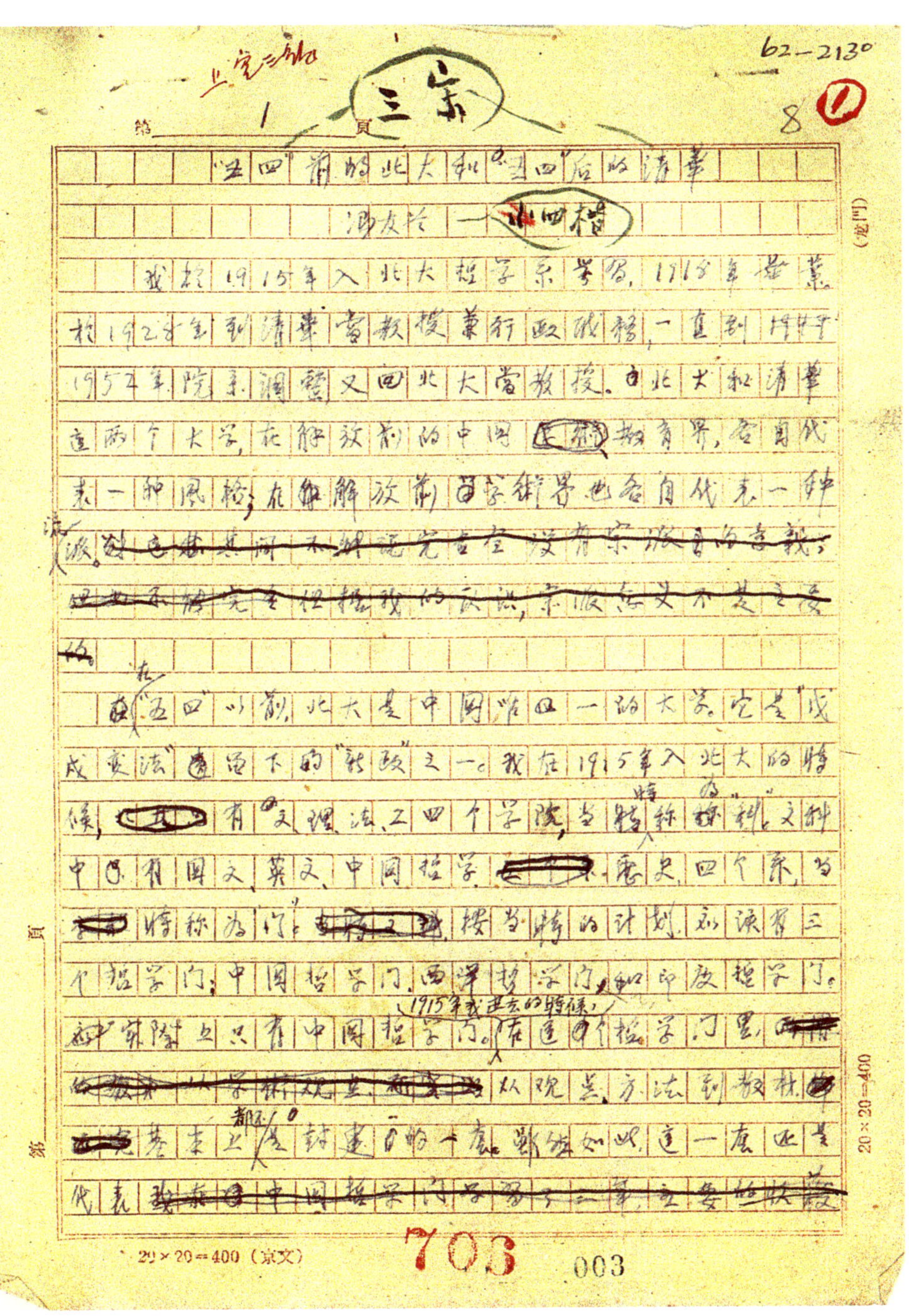

三宋

五四前的北大和五四后的清华

冯友兰——小四楷

我于1915年入北大哲学系学习，1918年毕业。于1928年到清华当教授兼行政职务，一直到1952年院系调整又回北大当教授。北大和清华这两个大学，在解放前的中国教育界，各自代表一种风格；在解放前学术界也各自代表一种流派。

在五四以前，北大是中国唯一的国立大学。它是戊戌变法留下的"新政"之一。我在1915年入北大的时候，有文、理、法、工四个学院，当时称为"科"。文科中只有国文、英文、中国哲学、历史四个系，当时称为门。按当时的计划，原来要有三个哲学门：中国哲学门、西洋哲学门和印度哲学门。1915年我进去的时候，实际上只有中国哲学门。在这个哲学门里，从观点、方法到教材，都基本上是封建的一套。虽然如此，这一套还是代表

20×20=400（京文）

冯友兰《五四前的北大和五四后的清华》手稿（一）

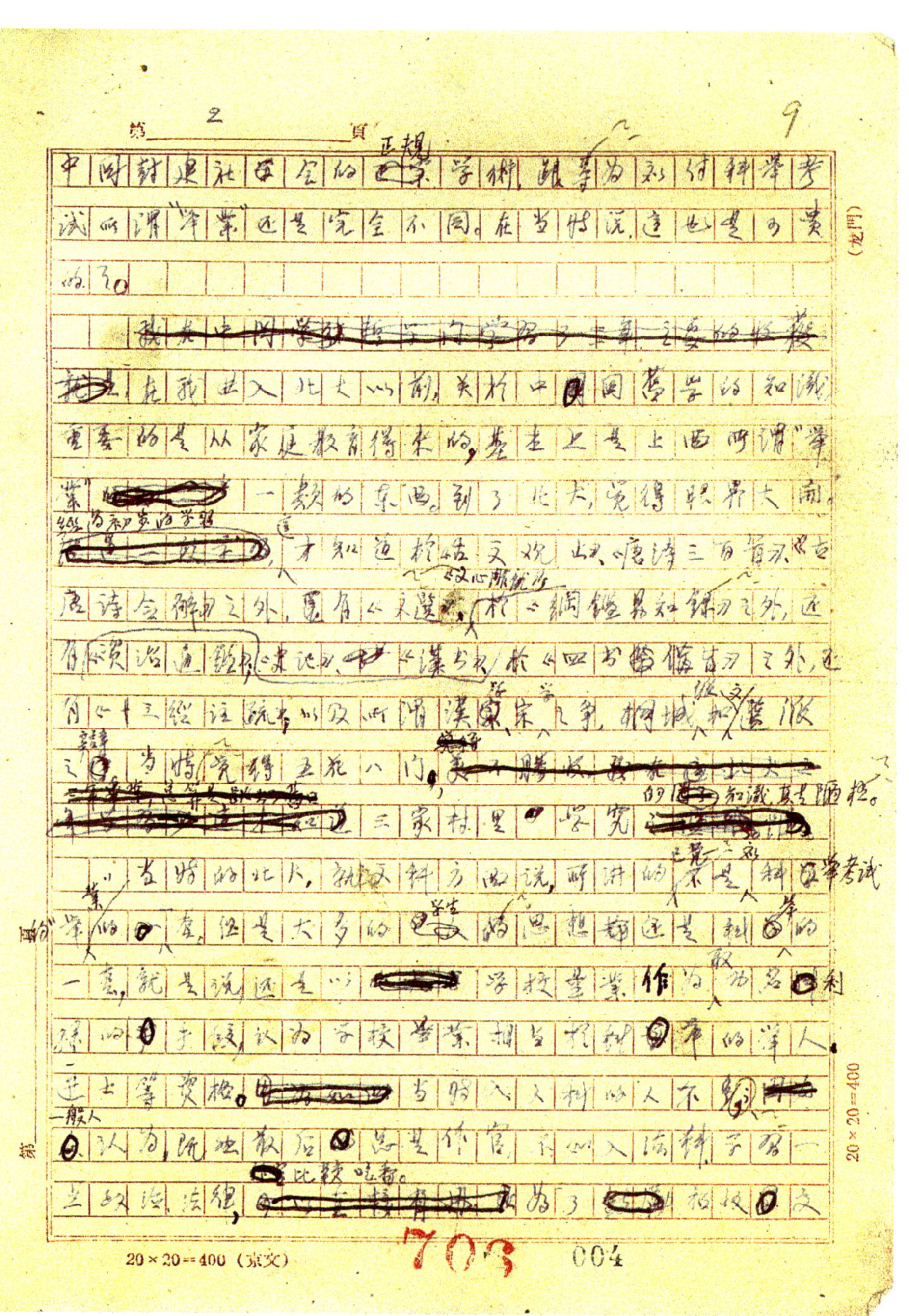

第　2　页　　　　9

中国封建社会的正规学术跟为科举考试所谓"举业"还是完全不同。在当时说这也是可贵的了。

在我进入北大以前，关于中国旧学的知识，主要的是从家庭教育得来的，基本上是上面所谓"举业"一类的东西。到了北大，觉得眼界大开，才知道于诗文以外，还有经学、史学、诸子学，于唐诗三百首、古唐诗合解之外，还有《文选》、《文心雕龙》；于《纲鉴易知录》之外，还有《资治通鉴》、《史记》、《汉书》；于《四书备旨》之外，还有《十三经注疏》以及所谓汉学、宋学、桐城派、文选派之类。当时觉得五花八门，以前的见闻知识真是陋极。

当时的北大，就文科方面说，所讲的已不是科举考试的一套，但是大多数学生的思想还是科举的一套，就是说，还是以学校毕业作为取得功名利禄的手段，认为学校毕业相当于科举中的举人、进士等资格。当时入文科的人不多，一般人认为既然毕业后总是作官，不如入法科学习一些政治法律，比较吃香。[illegible]为了[illegible]相投[illegible]文

20×20=400（京文）　703　004

冯友兰《五四前的北大和五四后的清华》手稿（二）

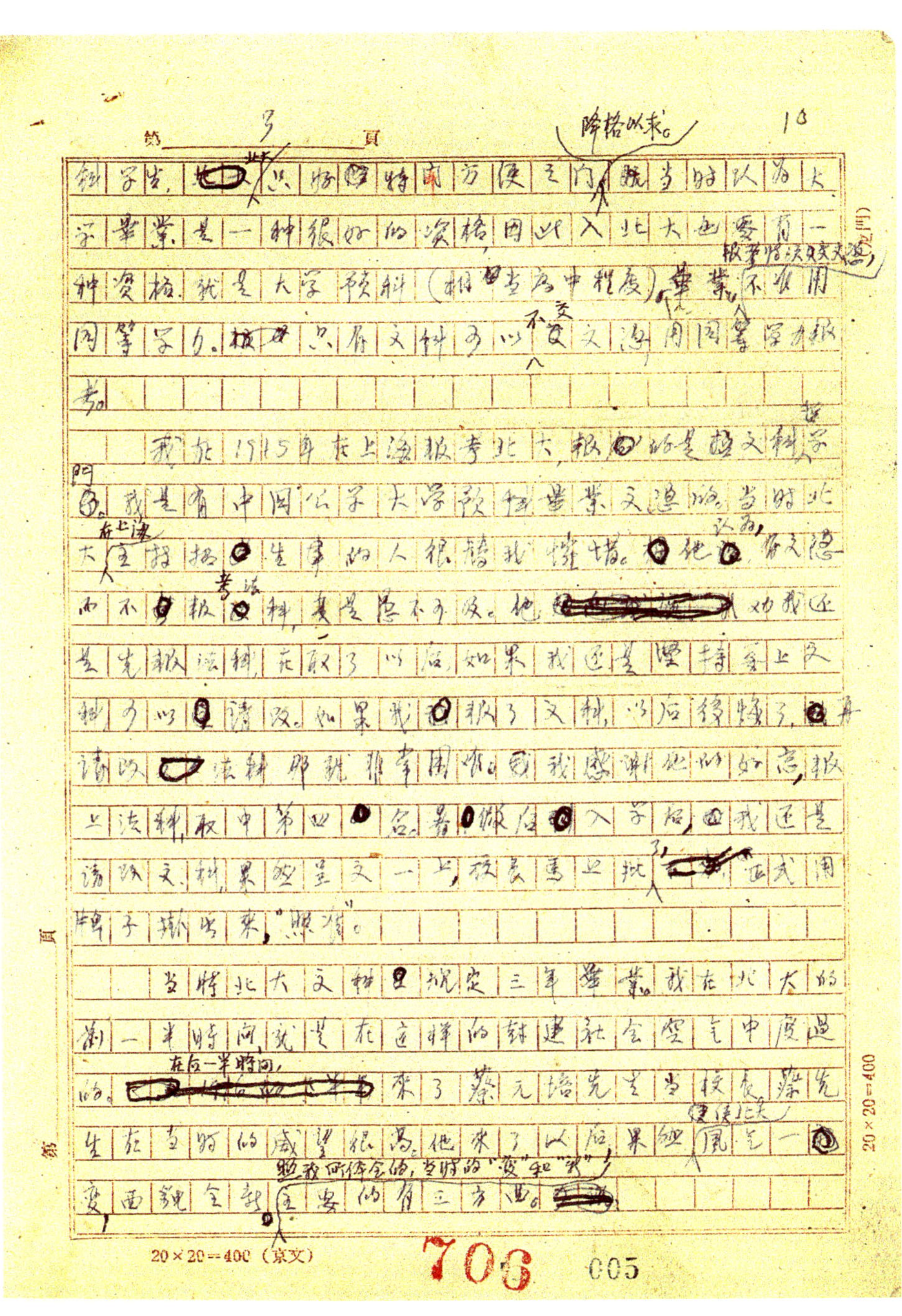
第 3 页　　10

的学生，只好另开方便之门。当时认为大学毕业是一种很好的资格，因此入北大也要有一种资格，就是大学预科（相当于高中程度）毕业，不能用同等学力。只有文科可以不受文凭，用同等学力报考。

我于1915年在上海报考北大，报的是文科哲学门。我是有中国公学大学预科毕业文凭的。当时北大在上海招生的人很称赞我的文凭，认为我的文凭而不报考法科，真是很可惜。他劝我还是先报法科，录取了以后如果我还坚持要上文科，可以请改。如果我报了文科，以后转法科，再请改法科，那就非常困难。我感谢他的好意，报上法科，取中第四名。入学后，我还是请改文科。果然呈文一上，校长马上批了，正式用牌子揭出来，"照准"。

当时北大文科规定三年毕业。我在北大的前一半时间就是在这样的封建社会空气中度过的。在后一半时间，来了蔡元培先生当校长。蔡先生在当时的威望很高，他来了以后，使北大风气一变，面貌全新。主要的有三方面。

20×20＝400（京文）　706　005

冯友兰《五四前的北大和五四后的清华》手稿（三）

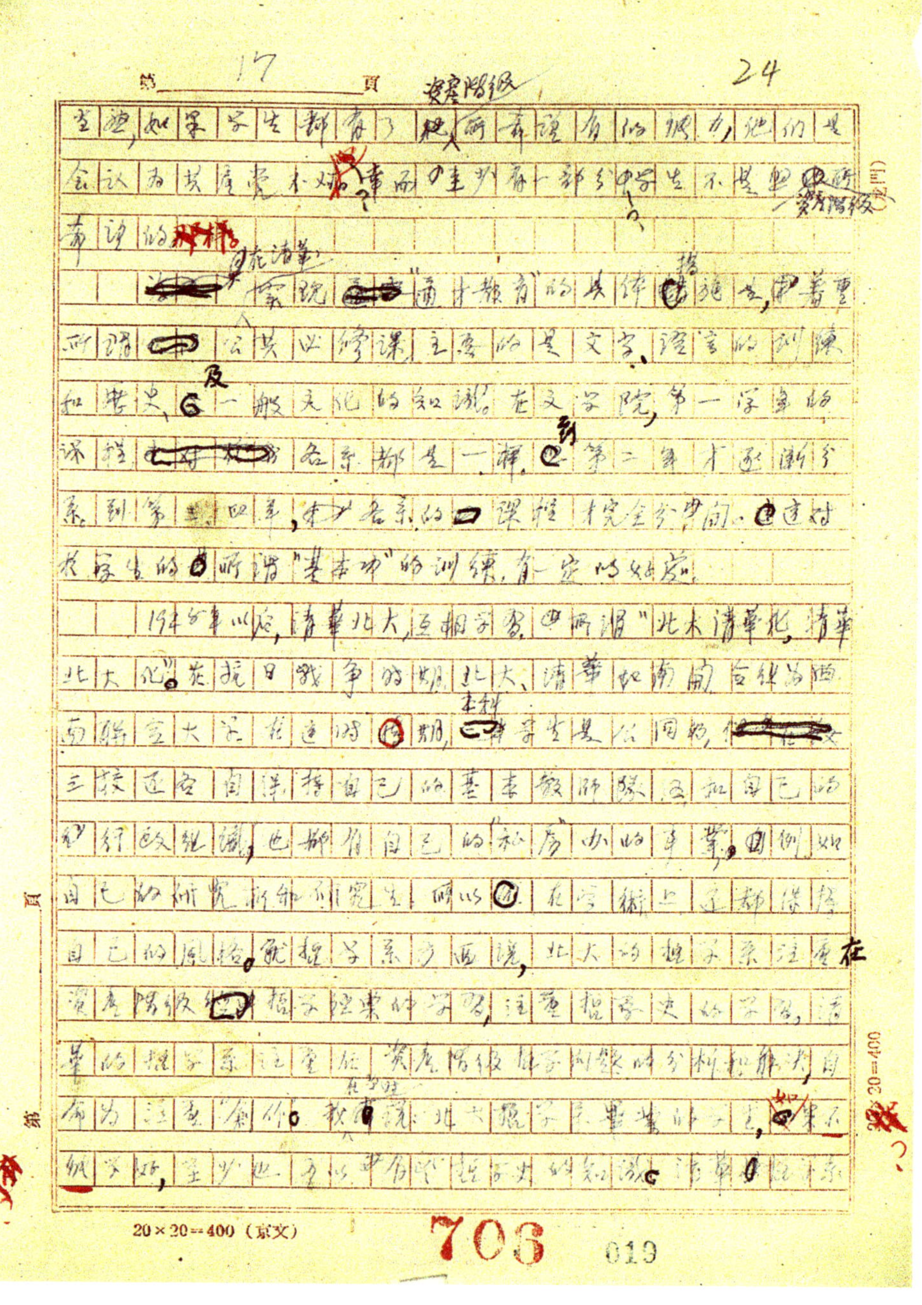
第 17 頁　　　　24

空洞，如果学生都有了他所希望有的能力，他们也会认为其实是不够的，至少有一部分学生不是要资产阶级革命的。

在清华，实现"通才教育"的具体措施是，着重所谓"公共必修课"，主要的是文字、语言的训练和历史及一般文化的知识。在文学院，第一学年的课程，各系都是一样，到第二年才逐渐分系，到第四年，各系的课程才完全分开。这对于学生的所谓"基本功"的训练，有一定的好处。

1928年以后，清华北大互相学习，所谓"北大清华化，清华北大化"。在抗日战争时期，北大、清华和南开合组为西南联合大学。在这个时期，本科学生是公同的，但三校还各自保持自己的基本教师队伍和自己的行政组织，也都有自己的私房的事业，例如自己的研究所和研究生。所以在学术上还都保持自己的风格。就哲学系方面说，北大的哲学系注重在资产阶级哲学经典的学习，注重哲学史的学习，清华的哲学系注重在资产阶级哲学问题的分析和解决，自命为注重"创作"。在当时就有人说北大哲学系毕业的学生，如果不能写作，至少也可以有哲学史的知识；清华的哲学系

20×20=400（京文）　　706　　019

冯友兰《五四前的北大和五四后的清华》手稿（四）

1

五四运动时期的商务印书馆

胡愈之 1959年4月27日讲话

我年青时代有很大一部分时间在商务印书馆工作。因此，我很愿意和大家谈谈商务的历史。但是，有些事情记不大清楚，需要进一步查对。同时，我建议最好能把商务印书馆的历史好好地整理一下，编写出来。毛主席一直指示我们，要我们研究各种历史。现在文艺界也在编写"工厂史"。商务印书馆在我国近代史上，和文化、经济等等方面都有关系，很值得写下来，可以帮助我们下一代了解中国革命和中国文化事业的发展。我的报告作为一个开端，希望大家来搜集资料，集体创作，编写商务印书馆这样一个老的但又是新的出版机构的历史。

我想分两部分来谈：

胡愈之《五四运动时期的商务印书馆》手稿（一）

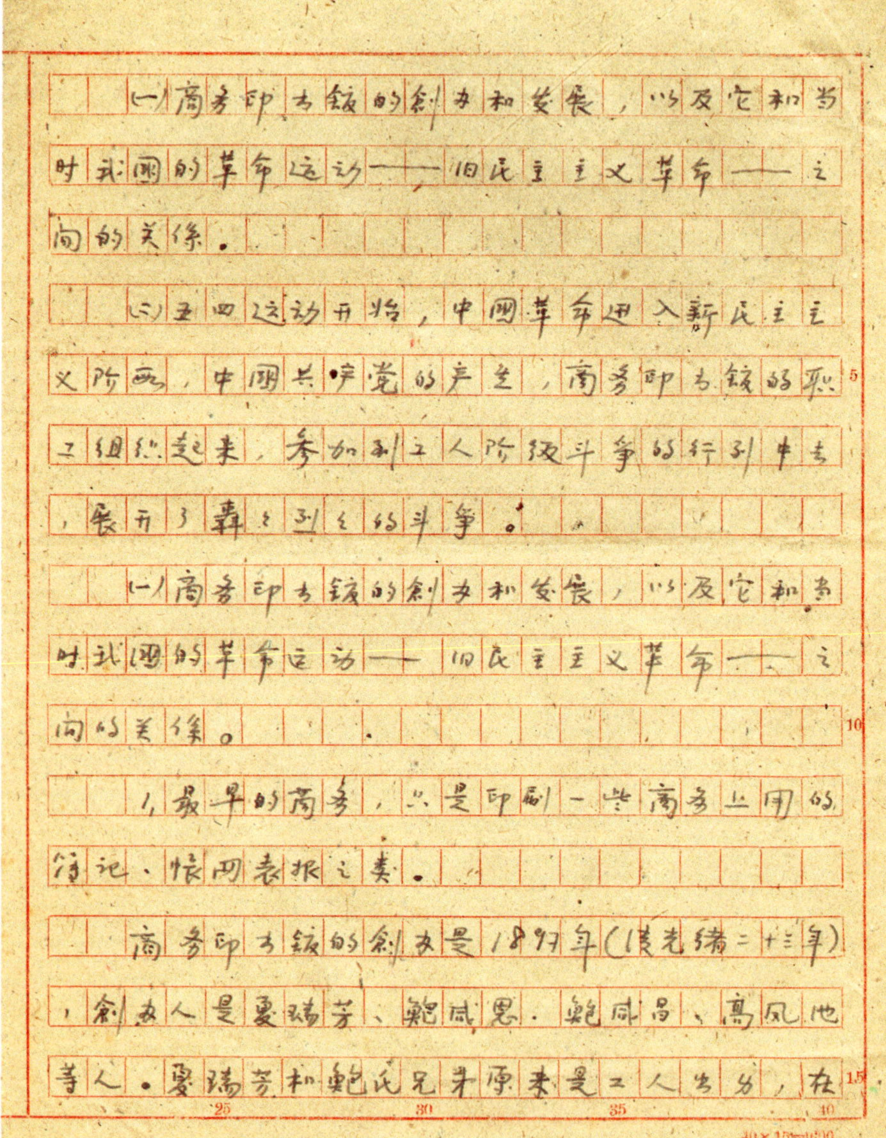

(一)商务印书馆的创办和发展，以及它和当时我国的革命运动——旧民主主义革命——之间的关系。

(二)五四运动开始，中国革命进入新民主主义阶段，中国共产党的产生，商务印书馆的职工组织起来，参加到工人阶级斗争的行列中去，展开了轰轰烈烈的斗争。

(一)商务印书馆的创办和发展，以及它和当时我国的革命运动——旧民主主义革命——之间的关系。

1，最早的商务，只是印刷一些商务上用的簿记、帐册表报之类。

商务印书馆的创办是1897年(清光绪二十三年)，创办人是夏瑞芳、鲍咸恩、鲍咸昌、高凤池等人。夏瑞芳和鲍氏兄弟原来是工人出身，在

胡愈之《五四运动时期的商务印书馆》手稿（二）

教会中学学过英文，就在教会所办的美华书馆做工人。那时我国的印刷出版事业非常幼稚，中国人自己办的活字印刷几乎没有，只是英美人而且主要是教会。他们为了要在中国传教，就开办学堂，印行宗教书籍，主要是印圣经，并且印一些教育用书。当时报纸杂志主要是石印的。美华书馆就是以印圣经和一些商业用品为主，有中文，有英文。夏瑞芳当时在该馆做英文排字工人，做了好多年，因为当时外文排字工资较高，他积蓄了一些钱，和鲍氏兄弟等合股创办了商务印书馆。其所以叫"商务"，是因为主要印商业用品如名片、广告、簿记、帐册等；其所以叫"印书馆"，是因为当时中国没有印刷厂的名称，当时中国人都叫着印书馆。印刷厂的名称还是后来从日本借来的。实际上，当时商

胡愈之《五四运动时期的商务印书馆》手稿（三）

务并不印书，而只是印刷厂的意思。这也就是说，当时夏鲍等人的思想中是没有搞"出版社"、"书店"的意图。

商务印书馆最初是在上海江西路德昌里，只有一些图盘机，只有几间房子，靠着他们和教会的关系，以及宁波同乡（当时宁波人在上海经商的较多）的关系，在洋行界揽揽了一些生意。

2.商务是怎样变成一个出版社的呢？

商务基本上可以说是我国的一个私营的、民族资本建立起来的出版事业，从清朝一直到解放，是我国出版事业的最大企业，对我国的政治、经济、文化上都有不小的作用。

商务印书馆的创办是在清朝末期，在中国资产阶级民主革命发生的时期。当时正处于中日战争之后，中国被日本打败，清朝的腐败越

胡愈之《五四运动时期的商务印书馆》手稿（四）